# WIELAND

## ou

# LA VOIX MYSTÉRIEUSE.

---

(Wieland or the Mysterious voice.)

I

# WIELAND

## ou

## LA VOIX MYSTÉRIEUSE.

(Contes de l'Amérique du Nord.)

I

Imprimerie de Schneider et Langrand, rue d'Erfurth, 1.

ROMANS AMÉRICAINS.

# WIELAND

OU

## LA VOIX MYSTÉRIEUSE,

PAR BROCKDEN BROWN,

(TRADUCTION FAITE SUR LA DERNIÈRE ÉDITION DE LONDRES)

Avec une Notice sur la Vie de l'Auteur.

I

PARIS.
W. COQUEBERT, ÉDITEUR,
48, RUE JACOB.
1841.

# NOTICE
## SUR
# CHARLES BROCKDEN BROWN.

Parmi les écrivains dont s'honore la jeune Amérique, Charles Brockden Brown est le premier qui ait abordé avec succès les ouvrages d'imagination. Il a porté dans le roman des qualités éminentes, une profonde connaissance du cœur humain, et un talent d'analyse presque sans rival. Les œuvres de Godwin pourraient seules donner une idée de la manière qu'il a adoptée, et du genre d'intérêt qu'il a su répandre sur les personnages de son invention. Toutefois lord Falckland, cette création immortelle du romancier anglais, lord Falckland, malgré l'horreur et le mystère qui l'environnent, pâlirait auprès de Wieland. Charles Brown, tout en puisant ses inspirations à la même source que Godwin, est resté, de l'aveu même de ce dernier, un auteur libre et original. Il a su trouver dans la peinture des scènes de la vie commune, dans l'observation des mœurs de son pays, dans l'étude de son propre cœur, des ressources ignorées jusqu'à lui, et qui donnent aux productions de son génie un caractère entièrement neuf. Ce qui le distingue surtout, c'est l'art avec lequel il a su décrire quelques-unes des impressions les plus vulgaires, et cependant les plus étranges, de l'âme humaine, l'étonnement, l'inquiétude, l'attente, la frayeur. Il produit avec les moyens les plus simples les effets les plus puissants. Une porte qui s'ouvre, sans qu'on voie la main qui l'a ouverte, une chandelle qui s'éteint, et nous laisse dans l'obscurité, une clef perdue, un étranger qui passe, un bruit de voix sur l'escalier, c'est plus qu'il ne lui en faut pour vous tenir en haleine et vous faire dresser les cheveux sur la tête. Telle est la vérité et l'énergie des situations qu'il développe, que le lecteur le plus indifférent, le plus blasé sur les artifices des romanciers, passe lui-même par toutes les angoisses des personnages dont Charles Brown lui raconte l'histoire. Il pleure, il souffre, il attend, il tressaille, il a peur avec eux. Nous-mêmes, s'il nous est permis de nous mettre en scène un instant, nous avouerons qu'en lisant les œuvres de cet homme singulier, il nous est arrivé souvent de regarder autour de nous avec une sorte d'effroi, pour voir si tout était bien à sa place, si notre chambre était vide et notre porte bien close.

L'éducation de Brown, les lieux où s'écoula son enfance, n'ont pas été étrangers à la direction de son esprit et sans influence sur son talent. Nous croyons même qu'il a puisé une partie de ses secrets dans les souvenirs de son enfance et dans la contemplation de la société au milieu de laquelle il a vécu. Le lecteur pourra apprécier lui-même la justesse de cette remarque, s'il a la patience d'aller jusqu'au bout de cette notice, avant de commencer le premier chapitre de Wieland, ou après en avoir achevé le dernier.

Charles Brockden Brown naquit en 1774 dans le district de Norwalk, situé au milieu des vallées occidentales de la Pensylvanie. Il était d'une santé délicate et portait déjà dans son sein les germes d'une affection pulmonaire. A force de soins, cependant, il grandit et se fortifia peu à peu, quoique son corps semblât prendre beaucoup moins de forces que son esprit. Il fut élevé à la campagne, dans la maison d'un planteur. De bonne heure, on lui apprit à lire, et, comme il était entouré de gens graves et discrets, il contracta aisément le goût de la méditation et de l'étude. Il était d'un naturel sérieux et doux; on ne se plaignait guère que de sa curiosité, car le jeune Brown aimait à se rendre compte de tout ce qui frappait ses yeux, et même des choses qui dépassaient la portée de son esprit. Il arriva ainsi à l'âge de huit ans. Déjà il était nourri de la lecture de tous les ouvrages qui composaient la petite bibliothèque du planteur. C'étaient quelques livres de doctrine religieuse, et, en plus grand nombre, des récits de voyages qui lui inspirèrent naturellement, comme à toutes les têtes un peu ardentes, le goût des aventures et des excursions lointaines. Mais en attendant qu'il pût réaliser ses projets de découvertes et de longues traversées, il fut obligé de se contenter des explorations qu'on lui permettait de faire dans les vastes solitudes qui environnaient l'habitation. Il suivait donc les serviteurs de la maison dans leurs chasses, dans leurs travaux agrestes. Il partait dès le matin, marchait tout le jour, à travers un pays presque inconnu de ceux même qui le guidaient, et où ils étaient obligés de tracer eux-mêmes leur chemin au milieu des grandes herbes et des lianes. Souvent Charles Brown, séparé de ses compagnons de route par quelque circonstance accidentelle, se trouvait perdu dans les vastes futaies du Norwalk. L'obscurité qui y régnait remplissait son âme de terreur. Il appelait à grands cris ses guides, mais les échos séculaires lui renvoyaient ses clameurs grossies et multipliées ; puis la solitude un moment troublée rentrait dans son silence, qu'interrompaient seulement par intervalle les sifflements des oiseaux ou le murmure lointain de quelque rivière invisible. Brown avançait toujours, tremblant de réveiller à chaque pas un serpent endormi sous la mousse, ou de voir briller dans le feuillage les yeux fauves d'une panthère, dont les récits de quelque nègre ou du planteur lui-même lui avaient appris à redouter l'approche. Comme si ces dangers réels n'eussent pas suffi à son imagination, ou plutôt pour obéir au penchant naturel de son âge, il s'en créait de chimériques. Il entendait des voix qui lui parlaient, des gens qui riaient à son oreille ; il voyait passer des fantômes et s'arrêtait parfois, glacé d'épouvante, immobile, sans souffle, devant quelque serviteur inquiet qui cherchait ses traces et le suivait à la piste depuis le matin.

Le soir, fatigué de ces courses et plein de souvenirs saisissants, Brown rentrait à l'habitation. Il n'y trouvait rien qui dût le distraire beaucoup des préoccupations de la journée. On faisait peu d'attention à lui, si ce n'est aux heures des repas, et chacun vaquait en silence à ses occupations habituelles. Le maître du logis était l'un des descendants des *Settlers*, ou émigrants européens, qui défrichèrent les premiers cette partie du Nouveau-Monde. Les anciens *Settlers* étaient de pauvres cultivateurs de la Hollande, de l'Allemagne ou de l'Angleterre, qui, ne pouvant nourrir leurs familles sur un sol épuisé ou chargé d'impôts, quittèrent à regret leur pays, se résignèrent à traverser l'Océan, en emportant avec eux leurs dieux lares, et vinrent demander un coin de terre à l'une des fécondes provinces de l'Amérique septentrionale. Quelques-uns avaient occupé en Europe un rang moins modeste ; mais des revers de fortune, des chagrins cuisants, les conduisirent aux mêmes lieux. Là, ils choisirent dans la solitude un endroit propice, le voisinage d'un ruisseau ou d'un fleuve, bâtirent une cabane, jetèrent bas quelques arbres, et ne tardèrent pas à trouver sous leurs mains tous les éléments d'une existence laborieuse, mais douce et tranquille. Leurs descendants ont continué à habiter les retraites où ils mettent leur gloire à conquérir chaque année sur les bois quelques arpents de terrain. Ils ont peu de commerce avec les villes. Ils se suffisent à eux-mêmes et vivent quelquefois des années entières sans voir d'autres visages que ceux de leurs femmes, de leurs enfants et de leurs rares serviteurs. On est tout étonné, lorsqu'on leur rend visite, de trouver des gens qui, sous des formes incultes, cachent des esprits élevés et méditatifs. Mais on revient de sa surprise, lorsqu'on apprend que la plupart de ces hommes, abandonnés à eux-mêmes, emploient à la prière ou à la lecture les heures de loisir que le travail leur laisse. Ils sont, en général, sobres, vigilants et austères dans toutes leurs habitudes.

Les femmes, tout occupées des soins domestiques, portent jusqu'à une entière abnégation de leur volonté l'obéissance et la soumission à l'autorité conjugale. Elles sont simples, modestes, sans fard. On pourrait leur reprocher une certaine froideur, si l'on s'en tenait au dehors ; mais pour peu qu'on ait vécu près d'elles, on s'aperçoit bientôt, aux soins délicats dont elles vous entourent, qu'un cœur tendre et sensible bat sous ces robes de bures fermées jusqu'au cou. Cependant jamais un de leurs regards ne trahit leurs mouvements intérieurs, si ce n'est à l'approche d'un époux aimé, ou lorsque quelque danger menace un enfant étourdi. La maison du Settler est comme sa famille, grave, muette, bien ordonnée, propre au dehors et au dedans. Une monotonie qui tuerait en huit jours la plus sérieuse de nos dames de charité y règne depuis la première jusqu'à la dernière heure de l'année. Tous les jours s'y ressemblent, et l'on dirait que l'étude constante de ces honnêtes campagnards a pour but d'augmenter encore cette uniformité. Il y a peut-être un grand sens dans cette manière de vivre. Les passions n'ont guère d'empire sur des gens qui commandent ainsi à la nature changeante et variable de l'homme. Mais en revanche, et cela est assez facile à comprendre, ce régime méthodique, cette solitude continuelle développant dans les personnes qui y sont soumises une sensibilité nerveuse et presque maladive, le moindre accident, la circonstance la plus vulgaire devient un événement dans un monde où se passent si peu d'événements. On en fait le sujet de longues conversations, et surtout de longues rêveries. Le Settler, en allant aux pâturages, y pense et y repense; sa femme ne songe qu'à cela en lavant son linge, et les enfants, presque toujours taciturnes, n'ouvrent guère la bouche que pour demander des explications nouvelles sur une chose cent fois expliquée et qui reste encore inexplicable; car une fois qu'on se lance sur la voie des commentaires, et qu'on veut chercher le pourquoi et le comment de chaque chose, il y a gros à parier qu'on obscurcira de plus en plus la question. Ce qui était simple deviendra compliqué et douteux; ce qui était naturel paraîtra mystérieux et contraire à toutes les lois de la nature.

Le jeune Brown était prédisposé, par sa constitution physique et morale, à subir, plus que personne, l'influence d'un pareil genre de vie. Lorsqu'il n'était pas occupé à lire ou à étudier une mappemonde qui tapissait la chambre commune, il observait avec une curiosité infatigable tout ce qui se passait autour de

XIV

lui. Si le Settler faisait une courte absence, s'il parlait bas à sa femme, si quelque meuble ou quelque ustensile n'était plus à la place qu'il occupait la veille, cela suffisait pour éveiller son inquiétude et le jeter dans des conjectures sans fin. C'est ainsi que le prisonnier, après quelques mois de captivité, arrive à considérer comme une affaire importante un bruit de clefs ou de pas, l'apparition d'une araignée aux barreaux de sa fenêtre, la naissance d'une graminée entre les crevasses du mur voisin. Brown vécut ainsi pendant plusieurs années, dont il est plus facile de comprendre que de raconter l'histoire. Les incidents les plus extraordinaires de son existence furent sans doute les rares visites des Settlers des environs ou le passage inattendu de quelque voyageur étranger. Il y avait dans ces épisodes, si simples partout ailleurs, un sujet d'investigations, de recherches et d'inductions sans nombre. Le jeune Américain examinait avec une sorte d'avidité la physionomie des nouveaux venus, la forme et la couleur de leurs habits; il étudiait le son de leurs voix, le comparait à celui du planteur ou des autres personnes de l'habitation; et cherchait à deviner, sur ces faibles indices, mille choses qu'il ne pouvait pénétrer. Un jour, c'était pendant la guerre de l'indépendance, un homme mal vêtu, armé d'une carabine, passa dans la vallée, et s'arrêta devant la maison pour se reposer un instant. Brown, après l'avoir bien observé, fut saisi d'une telle frayeur, qu'il courut vers le Settler, et s'écria en montrant l'inconnu :

— Père, père, prenez garde ; c'est un assassin ; il y a du sang sur ses habits ; il se mord les lèvres comme les noirs quand ils viennent de se battre. Le bon Settler sourit et rassura son jeune pupille. Il alla trouver le voyageur, qui n'était autre qu'un gentilhomme français de l'armée de La Fayette, lequel, après un combat meurtrier auquel il avait pris part, s'en allait porter un message au général Washington.

Mais des circonstances comme celles-là se présentaient rarement. D'ordinaire, c'étaient des accidents plus vulgaires qui fournissaient un aliment à la curiosité de Brown, mettaient à l'épreuve sa pénétration, servaient de base aux fragiles édifices que son imagination élevait et renversait tour à tour, qui, enfin, développaient en lui cette finesse de perception et cette délicatesse d'organes qui caractérisent les sauvages, comme en général tous les habitants de la solitude. Les mystères de la nuit, les voix variées et infinies du vent, les jeux de la lumière et des ombres, les moindres phénomènes qui peuvent frapper un de nos sens, ébranlaient profondément cette organisation impressionnable. On l'avait logé dans une chambre près des toits, et il y couchait seul. Privé de sommeil par son état maladif, il employait les heures à écouter les bruits de la maison et ceux du dehors. Il les interprétait d'abord d'une manière naturelle, puis avec moins de simplicité; enfin il s'égarait lui-même dans ses suppositions; et, comme l'alchimiste de la comédie, il créait des monstres qui l'épouvantaient. Le jour venait heureusement dissiper toutes ses frayeurs, mettre fin à toutes ses conjectures. Il descendait chez le Settler, où rien n'avait changé depuis la veille, et où personne n'avait entendu d'autre bruit que le hurlement des bêtes fauves et les ronflements plus pacifiques des valets endormis.

Il ne faut pas croire pourtant que Brown fût un être exceptionnel au milieu de la famille. Chacun des membres qui la composaient, s'il n'était plus accessible aux mêmes terreurs de la jeunesse, se dédommageait amplement d'un autre côté. Si un cheval s'égarait au pâturage, si un miroir mal attaché venait à tomber et à se briser sur le parquet, si l'un des colons avait l'air un peu triste, ou mangeait moins qu'à l'ordinaire, il n'en fallait pas davantage pour agiter ces graves esprits et les lancer à leur tour dans le domaine des conjectures.

Cependant Charles Brown avait atteint sa dixième année. Il n'avait rien de la pétulance ordinaire aux enfants de cet âge. Il était au contraire calme et réfléchi. Le Settler jugea convenable de l'admettre désormais aux réunions du soir et aux longues veillées d'hiver, au lieu de le renvoyer à la brune. Cette circonstance devait avoir aussi son importance dans la vie de notre romancier. Le planteur était un homme de sens et de raison, mais qui avait, comme tous les hommes, un côté faible. A force de lire la Bible et de la méditer dans l'isolement, il s'était fait à lui-même un mode d'interprétation tout inoffensif, mais qui était loin de s'accorder avec les notions les plus simples de la théologie protestante. Il était porté à croire à l'intervention visible de la Divinité et des anges dans les affaires de ce bas monde, et n'expliquait pas autrement la réussite des siennes. Le jeune Brown devint un des auditeurs les plus attentifs du Settler, et adopta avec une sorte d'enthousiasme les interprétations que celui-ci donnait des Écritures.

Son âme s'exalta peu à peu, et on le surprit bientôt prêchant à son tour les valets, qui étaient d'autant plus charmés de ses homélies, qu'ils trouvaient un honnête prétexte pour ne rien faire, dans l'obligation où ils se croyaient de les écouter.

On ne sait trop où se serait arrêté le nouvel apôtre, si un beau jour son père ne fût venu le chercher pour le conduire à Philadelphie et lui faire commencer ses études. Brown avait alors onze ans. Il quitta à regret sa solitude, et ne se consola que par la pensée qu'il allait voir sa mère.

Lorsqu'il eut passé quelques jours dans la maison paternelle, on le mit en pension chez M. Proud, auteur assez estimé d'une Histoire de la Pensylvanie. C'était précisément l'homme qu'il fallait pour ramener à des idées droites, saines et positives le jeune rêveur du district de Norwalk. M. Proud était un homme d'un esprit exact et plein de mesure. Son Histoire de la Pensylvanie, qui peut donner une idée juste de son esprit, a toute la régularité d'un livre de comptes dressé par doit et avoir. Savant, d'ailleurs, et versé dans les littératures anciennes, il passait avec raison pour le meilleur instituteur de Philadelphie. Il donna à Brown une excellente direction, et bientôt on aurait eu peine à reconnaître le disciple du Settler dans l'élève de l'historien. Celui-ci, en effet, avait pris des notions plus justes de la religion et de toutes les choses de la vie. Il n'avait plus peur quand il était seul ; il raisonnait ses impressions, et ne gardait du passé qu'un vif et profond souvenir. Son goût pour l'étude s'était réveillé ; il fit des progrès rapides dans toutes les branches des connaissances humaines, et devint même ce qu'on appelle en Angleterre et dans les États de l'Union un *scholar* accompli. Par malheur il poussa ses travaux avec une telle ardeur, que sa santé, toujours chancelante, en reçut de graves atteintes. Il fut bientôt obligé de fermer ses livres et de rentrer dans sa famille. Il avait alors seize ans. Le médecin que l'on consulta engagea ses parents à le renvoyer à la campagne, dont l'air pur et la liberté convenaient mieux à son tempérament que le séjour des villes. Mais Brown, préférant rester auprès de sa mère, se borna à faire dans les environs de Philadelphie de longues promenades à pied. C'était la seconde fois qu'il se trouvait en présence des grandes scènes de la nature. A l'âge où il était parvenu, avec les connaissances qu'il avait acquises, il était mieux fait pour en sentir les beautés et en admirer la magnificence.

Par une destinée singulière, il semblait condamné à vivre toujours avec lui-même. Mais il n'y avait plus aucun danger à cela. Il était doué d'une raison forte et d'un sang-froid à l'épreuve. Il commença dès lors à tenir un journal exact de toutes ses actions et de toutes ses pensées, imitant en cette occasion M. Proud, son ancien maître. En même temps il mit à profit les loisirs que lui imposait la maladie pour préparer les éléments de trois poëmes épiques empruntés à l'histoire de son pays, et dont l'un avait pour sujet la découverte de l'Amérique. C'était une entreprise un peu audacieuse, mais qui n'étonnera personne; quel est celui de nous qui, en sortant du collége, n'a pas commencé un poëme épique ou une tragédie? Quoi qu'il en soit, Brown comprit bientôt qu'il perdait son temps à invoquer les Muses, et il chercha à donner à son talent une direction plus utile. Ses parents avaient paru désirer qu'il embrassât la carrière du barreau. Il brûla ses vers, et se mit à étudier le droit avec plus de conscience qu'on n'aurait pu l'attendre d'un poëte. Il devint même président d'un club de jeunes jurisconsultes, et se fit remarquer par la rectitude de son jugement et l'habileté de sa dialectique. Mais notre bonne étoile voulut qu'il y eût dans le même quartier un club littéraire devant lequel il était obligé de passer pour se rendre à sa conférence. Un jour, le diable le tenta, la porte était ouverte ; il entra. Sans cette circonstance, il est probable que Brown fût devenu un excellent avocat et aurait usé son talent à convaincre de l'innocence et de la candeur de ses clients les juges pensylvaniens ; quant à nous, nous serions privés de l'honneur de révéler à la France les œuvres d'un admirable romancier.

En effet, à partir de ce moment, la vocation de Brown fut irrévocable. Il ne lui restait plus qu'à trouver le genre auquel il était propre. Il était arrivé à ce moment de crise qui décide de la fortune, de la gloire et du nom d'un littérateur. Beaucoup d'écrivains d'un talent véritable sont morts obscurs, après une vie de mercenaire, faute de s'être bien connus et d'avoir choisi avec discernement la voie où les appelait leur génie.

Brown hésita longtemps. Jusqu'à l'année 1797, il sonda pour ainsi dire le terrain. Il faisait en secret des tentatives dont il ne parlait point à ses amis. Il abordait sérieusement la vie littéraire. On l'avait mis en garde contre son imagination ; lui-même, par une réaction assez naturelle, regardait alors comme frivolés tous les projets de sa jeunesse. Il se lança donc à corps perdu dans les utopies politiques, sans s'apercevoir que là encore l'imagination était son guide. Dans le fait, il n'était pas assez mûr pour le roman, qui, outre l'imagination, demande une connaissance approfondie de soi-même et des autres. Il se crut destiné à faire un homme d'état. Comme Figaro, il tailla sa plume et demanda de quoi il s'agissait; sur la réponse qu'on lui fit, il se mit à composer plusieurs pamphlets, entre autres un dialogue sur *les droits politiques des femmes*, dans lequel se retrouvent quelques-unes des idées soutenues depuis en France non moins sérieusement par des gens d'esprit que nous connaissons, et qui doivent peut-être à cela leurs siéges au Conseil d'État, leurs chaires au Collége de France, et les autres petites faveurs d'un ministère chevaleresque. Quoi qu'il en soit, Charles Brown, après avoir, pour ainsi dire, jeté sa gourme dans ces écrits légèrement ambitieux pour le fond et pour la forme, se dégoûta peu à peu des idées révolutionnaires qui l'avaient séduit. Las d'entendre autour de lui déclamer les fanatiques de toute espèce dont abondait Philadelphie, il chercha à se dégager de nouveau de ce monde bruyant, où l'on faisait un si étrange abus de la parole et de la raison. Il reprit ses longues promenades, retrouva en chemin ses rêveries, et comme le bruit de la foule ne l'empêchait plus de s'écouter, il commença à s'étudier lui-même, à recueillir et à analyser toutes les impressions qu'il avait reçues jusqu'alors. Le résultat de cet examen fut ce qu'il devait être, assez douloureux. Il en arrive ainsi à tout homme qui, au lieu de s'arrêter à la surface, cherche à pénétrer jusqu'au fond des choses. Brown ne devint pas un misanthrope, car il avait le cœur trop bien placé et l'âme trop haute pour cela. Mais il perdit une à une toutes les illusions de la jeunesse et le contentement qui en est le fruit. Il vit sous leur vrai jour et remit à leur vraie place les hommes et les biens de ce monde. Il portait dans son analyse la minutie, la finesse, l'instinct sûr et prompt de l'enfant des forêts, et la logique froide et inexorable du jurisconsulte et du philosophe. Il ne resta au fond du creuset qu'un vif désir du repos, une sympathie profonde pour les maux des autres, et un culte tendre et fervent pour la mère nature. Il fit alors un retour sur ses premières années, et s'aperçut, avec quelque chagrin sans doute, que ce qu'il y avait de plus clair dans le bonheur qu'il avait goûté ici-bas, c'étaient ces excursions dans les forêts du Norwalk, les veillées du Settler et les nuits qu'il avait passées à trembler sous le toit de l'habitation rustique. Ayant ainsi dressé pour ainsi dire le bilan de ses actions et de ses pensées, réglé ses comptes avec le monde et avec lui-même, il fut plus tranquille. Son journal prit dès lors une teinte plus douce. La mélancolie remplaçait la tristesse et le *spleen*. Désormais les lettres qu'il écrivait à ses amis furent empreintes d'une joie calme et sereine, tandis que, dans celles qu'il leur adressait auparavant, il affectait une gaieté presque folle, afin de leur faire prendre le change sur ses dispositions intérieures. Il devint moins farouche, se communiqua plus au monde, fit quelques voyages à New-York pour y voir le docteur Smith, un de ses anciens condisciples, et finit par se fixer dans cette ville, où les sciences et les arts avaient déjà pris un certain essor. Il ne tarda pas à se présenter au *club des Amis*, qui était la société littéraire la plus importante de l'Union, et d'où sont sorties plusieurs des illustrations actuelles de l'Amérique septentrionale.

Cependant le travail secret qui se faisait au dedans de lui avait eu enfin un résultat. Brown avait creusé un lit à ses pensées. Il ne devait être ni un homme d'Etat, ni un jurisconsulte, ni un missionnaire. Il avait donné à ses méditations un but invariable. Les créatures vagues et indécises de son imagination, ces fantômes insaisissables qui l'éveillaient jadis en sursaut, qui le poursuivaient dans ses promenades, avaient revêtu des formes précises et arrêtées. Ce n'étaient plus des ombres vaines qui cherchaient un corps, c'étaient déjà des hommes comme lui, avec leurs passions, leurs caractères, leurs habitudes. Il les plaçait dans mille circonstances diverses, les voyait penser et agir, les écoutait parler, et, après les avoir jetés au milieu d'une intrigue dont lui seul tenait le fil, il les poussait vers un dénoûment logique et fatal. Brown était romancier.

Le premier ouvrage qui soit sorti de sa plume est celui que nous publions. Il parut en 1798, et eut à peu près, en Amérique, le même retentissement que *Waverley* eut depuis dans les trois royaumes. La jeune république comptait enfin un écrivain supérieur, un homme qu'elle pouvait opposer avec orgueil à la dédaigneuse métropole. Ce n'est pas ici le lieu de présenter une analyse de *Wieland*. Nous nous contenterons de dire, avec une revue américaine, que

« Brown a peint dans ce livre, avec un talent merveilleux, le plus terrible et le plus poétique des types nationaux, le Fanatique. » On retrouve, ce nous semble, dans cette création, un souvenir du Settler, chez lequel l'auteur avait été élevé, et la trace évidente de toutes les émotions qui avaient bercé son enfance. Le petit nombre des personnages qui entrent dans son action, loin de nuire à l'intérêt de la fable, ne fait que le concentrer davantage et finit par l'élever à une puissance telle, qu'en fermant le livre on trouverait gais et plaisants les plus lugubres romans d'Anne Radcliffe. Brown n'emploie pourtant, pour produire ces effets, aucun des artifices puérils de la sombre muse britannique. La sorcellerie, les trappes souterraines, le bruit des chaînes, l'odeur du soufre, les coupes de poison, les revenants, les vieux châteaux, ne jouent aucun rôle dans ses inventions originales. Tout s'y passe comme chez vous, comme chez votre voisin du rez-de-chaussée ou du premier étage. Telle est l'habileté du romancier américain, que Walter-Scott lui-même, ce roi absolu du pays de la fiction, cet observateur profond, ce magicien incomparable, cet homme qui a tant de richesses qu'il en pourrait donner à tous nos pauvres hommes de génie, n'a pas dédaigné de lui emprunter quelques-uns des plus beaux effets des *Puritains*, de *Woodstock*, de *Redgauntlet*, et de quelques autres de ses chefs-d'œuvre. La caverne où se retire Balfour de Burley, l'arbre jeté sur le précipice, la glace dans laquelle Holdenough croit apercevoir l'ombre de son ami, le docteur Rochecliffe; les pas mystérieux du vieux Redgauntlet, sur la tête de Darsie Latimer; tels sont quelques-unes des inspirations que l'illustre baronnet a puisées dans la lecture des œuvres de Brown. Celui-ci, en effet, bien qu'étonné du succès de son premier livre, ne s'arrêta pas dans la voie qu'il avait choisie. Il fit paraître successivement *Ormond, ou le Témoin invisible*; *Arthur Mervyn*, *Edgard Huntly, ou le Somnambule*, et enfin divers autres ouvrages qui eurent tous un éclatant succès, même en Angleterre, où ils ont été réimprimés plusieurs fois, malgré l'aversion du peuple britannique pour les productions littéraires de la colonie émancipée.

Cependant Brown, par ses travaux, s'était acquis une certaine aisance. Il avait toujours souhaité d'avoir un intérieur dans lequel il pût se délasser des soins pénibles de la vie littéraire. Il épousa, en 1804, miss Elisabeth Linn, dont il eut plusieurs enfants. Il apporta dans son ménage le calme d'un homme désabusé et la tendresse d'une âme qui conserverait encore ses illusions. Il était taciturne dans sa maison, mais sa femme ne se plaignit jamais de lui. Il fit son possible pour détourner ses enfants des écueils où l'imagination l'avait entraîné, et sur lesquels il avait manqué de se briser. Il menait d'ailleurs une existence assez douce. Revenu à Philadelphie en 1805, il fonda un *Magazine* à qui son nom et sa plume valurent une grande popularité. Il concourut aussi à la publication de quelques journaux politiques. Il imprima à ces journaux une direction grave comme son caractère, religieuse comme son cœur.

C'est au milieu de ces travaux et de ce bonheur domestique que la mort, qui l'avait respecté assez longtemps, vint le surprendre. Sa maladie le minait sourdement. Ses veilles laborieuses en hâtèrent les progrès invisibles. Bientôt il cracha le sang. Son médecin lui conseilla d'entreprendre un voyage sous un climat plus doux ; mais Brown qui, pendant sa jeunesse, avait fait tant de projets de voyages, avait pris racine au seuil de sa maison. Il ne voulait quitter ni sa femme ni ses enfants. En fait de voyages, il se bornait à parcourir dans son fauteuil les champs illimités de la pensée. On le décida à grand'peine à faire un tour dans le New-Yorck et le New-Jersey ; mais il se pressa de revenir, comme un oiseau qui vient expirer dans son nid.

Nous empruntons à un recueil justement estimé en France, *la Revue britannique*, le récit des derniers moments du romancier. Il fera voir que Brown a conservé jusqu'à la fin de ses jours une tendance marquée vers l'illuminisme, tendance dont une forte éducation avait pu arrêter les déplorables effets, et qu'il a si admirablement combattus dans *la Voix mystérieuse :*

« Au mois de novembre 1809, un violent point de côté, suivi de souffrances aiguës, l'avertit que le terme de sa vie était plus prochain qu'on ne l'avait cru. Sa résignation fut parfaite, bien qu'il ne conservât aucune des illusions qui souvent accompagnent le mal dont il était atteint. Ce qu'il ressentait, en parlant de son « départ et du temps où il serait endormi, » était plutôt un regret mélancolique des autres qu'une terreur ou une affliction sur sa propre destinée. Brown avait beaucoup vécu par la pensée ; il se méfiait de lui-même et de la vie. Sa subtile analyse des passions humaines lui en avait de bonne

XXX

heure révèle le néant. Aussi se regardait-il finir avec un sang-froid extraordinaire.

« Un jour, assis sur son lit, il fit ouvrir les croisées de son appartement, et se prit à contempler le ciel, priant ceux qui l'entouraient de ne pas élever la voix jusqu'à ce qu'il parlât lui-même. Après quelques moments passés dans cette espèce d'extase, il se tourna vers sa femme et lui dit : « Lorsque je vous ai demandé un moment de silence, ma chère amie, je ressentais au dedans de moi une sorte de sublime ivresse qui jusqu'à présent m'était inconnue. Je n'ai pas voulu en perdre un seul transport. N'oubliez pas ceci, je vous prie. »

Ce furent presque ses dernières paroles, et il resta ainsi fidèle jusqu'à ce moment suprême à ses habitudes d'observations psychologiques, étudiant au dedans de lui-même les mystérieux phénomènes de la nature morale.

## AVERTISSEMENT DE L'AUTEUR.

L'œuvre suivante est la première d'une série assez nombreuse que l'auteur a l'intention de publier, dans le cas où le présent livre serait accueilli favorablement par le public. Il n'a pris la plume ni par un mouvement d'intérêt personnel, ni par un pur caprice, mais bien pour essayer de répandre quelque lumière sur une des parties les plus importantes de notre organisation morale. Si ce roman doit être classé parmi les écrits vulgaires et frivoles qui n'ont pour objet qu'un vain amusement, ou parmi les rares productions auxquelles leur utilité assure une réputation durable, c'est ce qu'il est permis au lecteur de décider.

Les événements que nous rapportons sont extraordinaires et presque inouïs. Quelques-uns, peut-être, tiennent du prodige, autant qu'il est permis aux choses vraies et naturelles d'en approcher. Nous souhaitons que le lecteur intelligent ne désapprouve pas la manière dont nous avons expliqué certaines circonstances merveilleuses, et qu'il trouve nos solutions conformes aux lois les plus communes de la nature humaine. On ne saurait nier l'existence de la faculté singulière que s'attribue le principal personnage; cette faculté existe à la vérité chez un petit nombre d'individus, mais jamais phénomène aussi étrange n'a été constaté par des témoignages plus authentiques.

Quelques lecteurs seront portés à regarder comme impossible la conduite du jeune Wieland. A l'appui de la vraisemblance de notre narration, nous pouvons invoquer l'expérience des médecins et des gens qui ont approfondi les mystères cachés et les perturbations accidentelles de l'esprit humain. Qu'on ne nous objecte pas que les exemples d'une pareille hallucination sont rares; c'est précisément le devoir d'un peintre de retracer les scènes qui, en frappant plus vivement l'imagination, gravent aussi plus profondément dans la mémoire les leçons de la morale. Pourvu que l'histoire fournisse un seul fait analogue, la justification de l'auteur est complète, et nous osons dire que plus d'un de nos lecteurs pourrait citer des cas nombreux et avérés entièrement semblables à celui de Wieland.

Il n'est pas inutile d'ajouter que ce récit est adressé, en forme de lettre, par la femme dont il contient l'histoire, à un petit nombre d'amis qui la pressaient avec chaleur de compléter quelques vagues confidences et de satisfaire enfin leur curiosité fortement éveillée. Nous devons aussi prévenir que les aventures que nous racontons se sont passées entre la fin de la guerre du Canada et le commencement de la guerre de l'indépendance. Les mémoires de Carwin, auxquels il est fait allusion dans ce récit, seront publiés ou jetés au feu suivant l'accueil que recevra ce premier essai.

C. B. B.

Vous ne savez qu'imparfaitement la cause de ma tristesse, ô mon ami; vous ignorez la profondeur de mes chagrins et ne pouvez me consoler. Qu'ai-je besoin d'ailleurs de vos sympathies? Cependant vous avez le droit de connaître les événements qui se sont passés naguère dans ma famille; je me rends donc volontiers à votre désir, faites de ce récit l'usage qui vous semblera convenable. Si vous le publiez, il préservera peut-être quelques personnes des dangers de l'imagination, en montrant l'influence des impressions de la jeunesse, en donnant un exemple des maux incalculables qui naissent d'une éducation vicieuse ou incomplète.

J'ai à présent une sorte de tranquillité extérieure, je ne me laisserai plus séduire par l'espérance, je ne crois plus aux promesses de l'avenir, je suis absolument indifférente à tout ce qui peut arriver, et n'ai rien à craindre pour moi-même. Ma destinée est remplie; dorénavant je suis endurcie au malheur.

Je ne demande rien à Dieu; celui qui règle les affaires des hommes a, sans doute, marqué d'avance la route que je dois suivre, comme il a assigné un terme à ma carrière. Les décrets de la Providence ne peuvent être ni abrogés ni modifiés; ils sont immuables comme la justice éternelle dont ils émanent. Cette certitude me suffit, et je me soumets avec résignation aux chances de ma destinée.

L'orage qui a détruit notre bonheur, qui a changé en une triste solitude la riante scène de notre existence, s'est enfin apaisé; mais quels désastres n'a-t-il pas laissés derrière lui! Hélas! il a emporté dans sa violence tous les obstacles, et arraché de nos mains tremblantes les derniers lambeaux de notre félicité.

Mon histoire vous étonnera sans doute, vous et vos compagnons; peut-être même cette impression effacera-t-elle toutes les autres, et si mon témoignage n'était appuyé de quelques preuves, vous refuseriez de l'admettre et n'ajouteriez aucune foi à mes paroles. Pourquoi, mon Dieu, m'avez-vous condamnée à une vie sans espoir, et, j'ose le dire, sans exemple ?

Écoutez donc mon récit ; vous me direz ensuite comment j'ai mérité cette douloureuse préférence du malheur, et s'il n'est pas étonnant que je vive encore et puisse raconter ce que vous allez entendre.

Mon père était noble du côté de ses ancêtres paternels, mais sa mère était fille d'un marchand ; mon grand-père, cadet d'une famille allemande, avait été placé, à l'âge convenable, dans un collége. Pendant les vacances il aimait à parcourir les pays voisins ; il poussa un jour une de ses excursions jusqu'à Hambourg, où il fit la connaissance de Léonard Weise, marchand de cette ville. Mon grand-père visita fréquemment ce nouvel ami, conçut bientôt pour la fille unique de son hôte un véritable amour, et se maria avec elle, malgré les défenses et les menaces de ses nobles parents.

Cette action fut regardée comme une sérieuse offense par la famille de mon grand-père; il fut renié par tous les siens; on refusa de lui donner le moindre appui, de lui prêter le moindre secours; tous les liens furent rompus, toutes les relations cessèrent, et il fut traité dès lors comme un étranger, ou plutôt comme un ennemi.

Il trouva un asile dans la maison de son nouveau père, dont l'humeur était bienveillante et dont l'orgueil était flatté par une telle union. La noblesse de la naissance servit de contre-poids à la pauvreté. Weise se figura, au bout du compte, avoir montré une haute sagesse en donnant à sa fille un semblable époux.

Mon grand-père jugea néanmoins convenable de se procurer une vie indépendante. Sa jeunesse avait été consacrée tout entière à l'étude; il était bon musicien et fort versé dans la littérature; jusqu'alors il n'avait cherché dans les arts que des moyens de distraction; ils devinrent pour lui un moyen de subsistance. A cette époque il n'y avait dans la langue saxonne qu'un très-petit nombre d'œuvres poétiques; mon aïeul peut être regardé comme le fondateur du théâtre allemand. Le poëte moderne du nom de Wieland est issu de la même famille, et n'a peut-être guère surpassé son ancêtre pour la fécondité de l'invention et la pureté du goût. Mon grand-père gagna sa vie à composer des sonates et des pièces de théâtre; elles eurent quelques succès, mais ne furent pas pour lui une grande ressource. Il mourut à la fleur de l'âge, et sa femme ne tarda pas à le suivre dans le tombeau; mon père, leur fils unique, resta à la charge de Léonard Weise. Au sortir de l'enfance, il fut envoyé comme apprenti chez un marchand de Londres et y resta pendant sept ans; il ne fut pas heureux dans le choix du maître sous lequel il se trouva placé; il se vit traiter avec rigueur, et tout son temps fut consacré au travail, à un travail manuel et plein de fatigues. Quoique son éducation eût été dirigée en vue de la profession qu'il devait suivre, et ne lui eût pas donné des désirs insatiables, il prit bientôt en haine ses occupations journalières, non parce qu'elles le détournaient d'un chemin plus fleuri et plus doux, mais à cause de la sévérité du maître qui les lui imposait. On ne lui permettait aucun plaisir; il passait toute la journée dans une salle obscure, ou à parcourir des rues étroites et encombrées; sa nourriture était grossière, son logis misérable.

Il contracta peu à peu une habitude de triste et sombre méditation; il ne pouvait bien définir ce qui manquait à son bonheur. Il n'était pas tourmenté par la comparaison entre son état et celui des autres ; sa situation était proportionnée à son âge et à ses idées sur la fortune ; il ne s'imaginait pas être l'objet d'une rigueur extraordinaire ou injuste ; à cet égard, il supposait que tous ceux qui étaient au service des marchands avaient les mêmes chagrins, et pourtant toutes ses occupations lui semblaient pesantes, et les heures s'écoulaient avec la lenteur de l'ennui.

Il était dans ces dispositions d'esprit, lorsqu'il lui arriva d'ouvrir un livre composé par un ministre protestant, de la secte des Albigeois. Il n'avait aucun goût pour la lecture, et n'était point sensible au pouvoir qu'elle a d'instruire ou de charmer. Ce volume était resté pendant plusieurs années à moitié enseveli sous la poussière dans un coin du grenier qu'habitait le jeune apprenti ; il n'avait pas échappé aux regards de mon père, qui l'avait rejeté, suivant les circonstances, d'une place à une autre, et ne s'était guère mis en peine de ce qu'il pouvait contenir, ni même du titre qu'il portait.

Un dimanche, vers le soir, mon père s'était retiré pour quelques instants dans sa modeste demeure. Assis sur le bord de son lit, il s'occupait à réparer un de ses vêtements. Ses yeux, qu'il ne fixait pas toujours sur son ouvrage, erraient de temps en temps sur le plancher; ils rencontrèrent le livre qui avait été ouvert par hasard et placé à portée de la vue. Les mots « CHERCHE, ET TU TROUVERAS » s'offrirent les premiers à ses regards, et éveillèrent si bien sa curiosité, qu'il prit le livre aussitôt qu'il eut fini sa tâche et courut à la première page. A mesure qu'il avança dans sa lecture, il trouva de nouveaux motifs pour continuer, et vit avec peine le déclin du jour qui l'obligea pour le moment à fermer le volume.

Le livre contenait une exposition de la doctrine des Camisards et un récit historique de leur origine. Mon père était dans une situation moral particulièrement favorable à l'action des sentiments religieux. L'inquiétude qui le tourmentait cessa d'être vague et sans raison; son âme eut un sujet de rêverie. Les jours de travail, il se levait avec l'aube et ne rentrait dans sa chambre qu'à la nuit close; il se procura de la lumière et passa les nuits à étudier ce livre qui fourmillait d'allusions à la Bible. Le dimanche fut consacré aussi à ces pieuses lectures. Tous les raisonnements de l'auteur étaient fondés sur le texte sacré. Mon père se crut bientôt obligé de remonter lui-même jusqu'à cette source de la vérité sainte; il se procura aisément une Bible et commença à l'étudier avec ardeur. Son intelligence avait reçu une direction particulière; il obéit toujours à la même impulsion; toutes ses rêveries furent jetées dans le même moule. Ses progrès dans sa nouvelle croyance furent rapides; il envisagea les faits et les préceptes des saintes Écritures au point de vue que lui avaient créé les œuvres de l'apôtre albigeois. L'interprétation donnée à la lettre en était superficielle et étroite; chaque chose était étudiée isolément; les actes et les préceptes ne servaient point à expliquer ou à restreindre le sens les uns des autres. De là, mille scrupules auxquels mon père était resté jusqu'alors étranger. Tourmenté alternativement par la frayeur et l'extase, il se crut exposé aux piéges d'un ennemi invisible, et ne pensa trouver sa sécurité que dans une vigilance et des prières continuelles.

Sa conduite n'avait jamais été irrégulière; elle affecta une plus grande sévérité; l'empire des devoirs religieux s'étendit jusqu'à ses regards, ses gestes, ses paroles; tout laisser-aller dans la conversation disparut; toute négligence dans le maintien fut proscrite. Ses manières devinrent tristes et rêveuses; il se tint constamment sous l'impression d'une frayeur mystique, dans la pensée de la présence du Seigneur. Toutes les idées étrangères à cette préoccupation furent chassées avec constance; leur mélange accidentel était un crime contre la majesté divine et ne semblait expié qu'après des jours et des semaines de mortelles angoisses.

Il ne survint pas de changement considérable dans le cours de deux années. Mon père se confirma de plus en plus dans ses nouvelles habitudes d'esprit et de corps. On devait s'attendre à un flux et reflux dans ses opinions, à des intervalles de découragement et de doute, mais ils devinrent peu à peu moins fréquents et plus courts; il arriva même une époque où ces fluctuations parurent insensibles.

L'apprentissage allait presque finir, lorsque mon père atteignit sa majorité et entra en possession d'une petite somme que lui avait léguée mon grand-père. Cette somme ne pouvait lui suffire à élever un commerce, et il n'avait rien à attendre de la générosité de son maître. D'ailleurs, ses opinions religieuses lui avaient rendu le séjour en Angleterre presque impossible. Outre ces motifs de chercher une nouvelle patrie, il en avait un autre plus puissant, plus impérieux encore. Mon père était imbu de l'opinion qu'il manquerait à son devoir s'il ne répandait les vérités de l'Evangile parmi les nations idolâtres. Il fut d'abord épouvanté des fatigues et des périls auxquels expose la vie des missionnaires. Cette appréhension lui fit trouver aisément des objections et des excuses; mais il ne put s'empêcher de croire au fond de l'âme qu'il manquait ainsi à un devoir formel. Cette dernière pensée acquit de jour en jour de nouvelles forces, et il résolut de céder enfin à ce qu'il regardait comme la volonté du ciel.

Les Indiens de l'Amérique du Nord se présentaient tout naturellement comme les premiers objets de cette sorte de bienveillance. A la fin de son apprentissage il convertit en argent comptant sa petite fortune et s'embarqua pour la Pensylvanie. Là, ses craintes se ravivèrent; la perspective prochaine des mœurs sauvages ébranla une fois encore sa résolution et lui fit abandonner son projet. Il acheta une ferme de planteur sur la Schuylkill, à peu de distance de Philadelphie, et se mit à exploiter son domaine. Il était pauvre en Europe; mais le bas prix du terrain, et l'emploi des noirs qui était alors général, lui donnèrent tous les avantages de l'aisance. Il vécut ainsi quatorze ans d'une manière sobre et laborieuse. A cette époque, de nouvelles préoccupations et de nouveaux amis semblèrent avoir effacé les impressions de sa jeunesse. Il rencontra une femme douce, tranquille et médiocrement instruite, comme lui-même ; il offrit sa main et fut accepté.

L'état de sa fortune lui permit alors de se dispenser d'un travail personnel et de retourner à ses pensées favorites ; il fut bientôt visité de nouveau dans son loisir par de pieuses extases ; la lecture de la Bible et d'autres livres de religion devint encore son passe-temps habituel. Son ancien projet de convertir les tribus sauvages le saisit avec une inconcevable énergie. L'affection qu'il portait à sa femme et à ses enfants était un nouvel obstacle à combattre ; la lutte fut longue et violente, mais le sentiment d'un devoir idéal ne put être ni éloigné ni affaibli, et triompha de toute autre considération.

Les tentatives de mon père ne réussirent pas toujours : ses prédications eurent quelquefois un effet passager, mais elles furent bien plus souvent repoussées avec insulte et dérision. Il eut à braver dans ses voyages les périls les plus imminents et subit d'incroyables fatigues; la maladie, la faim et les tristesses de la solitude. La dépravation des mœurs des sauvages et les artifices de ses compatriotes s'opposaient également à ses progrès; mais il ne perdit courage que lorsqu'il ne fut plus possible d'espérer, et ne renonça à la mission qu'il s'était donnée qu'après avoir été relevé de son devoir imaginaire par sa propre conscience. A la fin, il rentra dans sa famille avec une santé un peu dérangée, mais avec une espèce de quiétude dans l'esprit. Il était frugal, exact dans l'accomplissement de ses devoirs domestiques. Il ne s'alliait à aucune secte, parce que la prière en commun est le signe caractéristique des sociétés religieuses. Mon père n'admettait pas cette forme collective; il interprétait à la lettre le précepte qui nous ordonne de nous retirer dans la solitude et de fuir le tumulte du monde quand nous prions. A l'entendre, l'oraison n'était pas seulement un exercice mental; elle devait encore être accomplie à l'écart. Il y consacrait une heure à midi et une heure à minuit.

A la distance de trois cents verges de la maison, sur le haut d'un rocher dont les flancs étaient escarpés et couverts de cèdres nains, mon père fit construire ce qui aurait semblé à un œil non prévenu un simple pavillon. Le bord supérieur du ravin, à l'orient, était élevé de soixante pieds au-dessus de la rivière qui baigne la plaine. La vue s'étendait d'abord sur les flots limpides roulant avec un faible murmure dans un lit rocailleux, et remontait ensuite sur un amphithéâtre de champs et de vergers. L'édifice était svelte et aérien; ce n'était qu'une enceinte circulaire de douze pieds de diamètre. Le roc, bien nivelé, dépouillé de mousse et de lierre, lui servait de parquet. Il était entouré de douze colonnes toscanes et couvert d'un dôme dont mon père donna l'esquisse et les dimensions. On ne plaça dans l'intérieur ni siége, ni table, ni ornement.

Ce fut là, pour mon père, le temple de Dieu. Il y allait prier une fois le jour et une fois la nuit sans être accompagné par un être vivant; l'impossibilité physique de se mouvoir pouvait seule empêcher ou retarder cette visite. Il n'exigea point que sa famille suivît son exemple. Peu de gens, sincères comme lui dans leurs croyances, auraient été aussi économes de blâme et aussi réservés que l'était mon père en ce qui regarde la conduite des autres. Ma mère était pieuse, mais son éducation l'avait habituée à un culte différent; elle ne pouvait fréquenter aucune assemblée régulière à cause de l'isolement de notre habitation; mais elle disait ses prières avec ponctualité et chantait les psaumes à la manière des disciples de Zinzendorf. Mon père ne voulut pas entendre parler d'accommodements; il avait, disait-il, adopté son système, non parce que c'était le meilleur, mais parce qu'il lui avait été prescrit. D'autres manières de prier pouvaient être convenables à d'autres personnes.

Sa conduite, à l'égard de tout le monde, était pleine de charité et de douceur; une mélancolie profonde voilait son visage, mais sans aucun mélange de sévérité ou de chagrin. Il y avait une harmonie parfaite entre sa voix, ses gestes et sa démarche; ses manières étaient caractérisées par une humilité et une patience qui lui assurèrent l'estime de ceux mêmes qui étaient opposés à sa doctrine. Ils pouvaient l'appeler fanatique, rêveur; il n'était pas possible qu'ils refusassent leur respect à sa bonne foi et à son intégrité. La conviction où il était du mérite de ses œuvres lui donnait le bonheur, mais ce bonheur devait avoir une fin.

Tout à coup, la mélancolie habituelle de mon père devint plus profonde; il laissait échapper des soupirs, versait des larmes; il refusa de répondre aux questions de sa femme à cet égard. Quand il lui arrivait de s'épancher, il faisait entendre que la paix de son âme s'était envolée, en punition de l'oubli de ses devoirs. Un ordre lui avait été transmis, et il en avait ajourné l'exécution. Il comprenait qu'un certain laps de temps avait été accordé à son hésitation et à sa répugnance, mais que ce délai étant expiré, il ne lui était plus permis d'obéir. La fonction qui lui avait été assignée était conférée à cause de sa désobéissance à une autre personne, et il ne lui restait plus qu'à subir le châtiment.

Il ne s'expliquait pas sur la nature de ce châtiment; on put croire pendant quelque temps que ce n'était rien de plus que la conscience de son crime. Sa peine, déjà bien assez douloureuse, était encore aggravée par la pensée que la faute qu'il expiait était irréparable. Personne ne pouvait, sans en être ému profondément, contempler les angoisses qui torturaient mon père. Le temps, au lieu d'alléger le fardeau, sembla le rendre plus lourd. Bientôt il fit entrevoir à sa femme qu'il n'irait pas loin; il ne prévoyait pas, il est vrai, le genre ou l'époque précise de sa mort; mais il était convaincu sans retour que sa fin était proche. Il paraissait tourmenté par la conviction que cette mort serait étrange et terrible; ses pressentiments étaient vagues, indéfinis, mais ils suffirent pour rendre sa vie pleine d'amertume et le vouer à une longue agonie.

voyage. À son retour, depuis la soirée, il parut accablé de fatigue ; le silence et la tristesse qui lui étaient habituels semblèrent plus frappants qu'à l'ordinaire. Le frère de ma mère, chirurgien de son état, se trouvait par hasard à Mettingen ; c'est de lui-même que j'ai entendu souvent un récit détaillé de la triste catastrophe que cette nuit enveloppa de ses ombres.

## II

À mesure que la soirée avança, les inquiétudes de mon père grandirent ; il vint s'asseoir, selon sa coutume, au milieu de la famille, mais il ne prit aucune part à la conversation. Il semblait absorbé dans ses pensées ; on lisait parfois sur son visage des marques de terreur.

Un jour du mois d'août, mon père quitta Mettingen de grand matin pour aller à la ville prochaine ; il s'était rarement absenté depuis son retour des rives de l'Ohio. D'importantes affaires ne lui permirent pas de différer ce voyage. A son retour, dans la soirée, il parut accablé de fatigue; le silence et la tristesse qui lui étaient habituels semblèrent plus frappants qu'à l'ordinaire. Le frère de ma mère, chirurgien de son état, se trouvait par hasard à Mettingen; c'est de lui-même que j'ai entendu souvent un récit détaillé de la triste catastrophe que cette nuit enveloppa de ses ombres.

A mesure que la soirée avança, les inquiétudes de mon père grandirent; il vint s'asseoir, selon sa coutume, au milieu de la famille, mais ne prit aucune part à la conversation. Il semblait absorbé dans ses pensées; on lisait parfois sur son visage des marques de terreur; il regardait fixement devant lui; ses yeux étaient hagards, et les efforts de ses amis l'arrachaient à peine à ses préoccupations. En revenant à lui-même, il ne montrait aucune surprise; mais passant la main sur son front, il se plaignait, d'une voix émue et tremblante, d'avoir la tête en feu. Toute sa personne trahissait en même temps une profonde anxiété.

Mon oncle reconnut, aux battements du pouls, que mon père était indisposé, mais à un degré peu alarmant, et il attribua ces symptômes de malaise à des peines d'esprit. Il l'exhorta à se calmer, à se recueillir. Ce fut en vain. A l'heure du repos, mon père se retira volontiers dans sa chambre. A la persuasion de ma mère, il consentit à se déshabiller et à se mettre au lit, mais rien ne put calmer son agitation; il repoussa même avec sévérité les tendres remontrances de sa femme.

— Taisez-vous, lui dit-il; pour ce que j'éprouve, il n'y a qu'un seul remède, qui viendra bientôt; vous ne pouvez m'être bonne à rien. Songez à vous-même, et priez Dieu, afin qu'il vous donne des forces dans les malheurs qui vous menacent.

— Qu'ai-je donc à craindre? répondit-elle. De quel affreux désastre voulez-vous parler?

— Silence! répliqua M. Wieland, je ne le connais pas moi-même; seulement il arrivera, et bientôt.

Ma mère réitéra sa question, mais il rompit brusquement l'entretien, après lui avoir commandé impérieusement de se taire. Elle ne l'avait jamais connu ainsi; il était au contraire toujours mesuré dans ses paroles. Le cœur de la pauvre femme fut pénétré de chagrin à la vue de ce changement; elle ne put ni se l'expliquer, ni prévoir le genre d'infortune qui la menaçait.

La lampe, au lieu d'être posée sur l'âtre, était restée sur la table, quoique ce ne fût pas l'usage. Au-dessus, contre le mur, il y avait une petite horloge qui sonnait un coup violent de six en six heures. Le tintement qu'on allait entendre devait être le signal du départ de mon père pour le temple où il allait prier. Une longue habitude lui permettait d'être toujours éveillé à cette heure et d'obéir à cet appel.

Pendant toute la soirée, mon père avait lancé des regards fréquents et inquiets sur l'horloge. Bientôt il suivit tous les mouvements de l'aiguille, et se montra de plus en plus agité, à mesure qu'elle avança vers minuit. Le trouble de ma mère augmenta comme celui de son mari; la crainte la rendait muette; il ne lui restait plus qu'à observer l'altération des traits de mon père, et à témoigner sa sympathie par ses larmes.

Enfin, la dernière heure s'écoula. L'horloge se fit entendre, le bruit du timbre sembla communiquer une vibration à mon père; il se leva immédiatement, et jeta sur ses épaules un large manteau. Ce fut néanmoins avec difficulté, car tout son corps tremblait et ses dents claquaient d'épouvante. C'était l'heure où il se dirigeait vers le rocher, et ma mère en conclut naturellement qu'il allait s'y rendre. Ces incidents étaient à la vérité assez peu ordinaires pour la remplir d'étonnement et de craintes prophétiques. Elle le vit quitter la chambre et entendit ses pas; comme il descendait à la hâte, elle eut un instant la pensée de se lever et de le suivre, mais l'extravagance de ce dessein la frappa bientôt; son mari s'acheminait vers un lieu où toutes les puissances terrestres ne l'auraient pu engager à souffrir un compagnon.

La fenêtre de la chambre donnait sur le rocher, l'atmosphère était pure et calme, mais on ne pouvait découvrir le pavillon à cette distance à travers l'obscurité. L'inquiétude de ma mère ne lui permit pas de rester où elle était; elle se leva et s'assit à la fenêtre; elle fatigua ses yeux à chercher le dôme et le chemin qui y conduisait. Le pavillon se dessinait d'une manière distincte dans son esprit; il ne pouvait, au regard, se détacher de la masse noirâtre sur laquelle il était élevé. Le chemin restait visible, mais mon père était déjà passé ou avait pris une autre direction.

Quelles devaient être les craintes de ma mère? Un danger planait sur son mari ou sur elle. Son mari avait parlé de malheurs; mais de quels malheurs s'agissait-il? Il était sur ce point dans la plus profonde ignorance. Quand arriveraient-ils? cette nuit? à cette heure? Ma mère eut à souffrir le double tourment de l'impatience et de l'incertitude; toutes ses craintes se dirigèrent bientôt sur la personne absente; elle regarda l'horloge avec autant d'anxiété que l'avait fait mon père en attendant l'heure fatale.

« Une demi-heure s'était écoulée dans cette attente, lorsque ma mère jeta les yeux sur le rocher. Tout à coup il parut éblouissant de lumière; une clarté partant de l'édifice illumina tout le paysage; un rayon plus vif traversa les airs, et aussitôt on entendit un bruit violent, semblable à l'explosion d'une mine. Ma mère poussa un cri involontaire, mais les sons qui vinrent frapper ses oreilles la surprirent encore davantage; c'étaient des clameurs aiguës poussées sans interruption. Les rayons qui se répandaient au loin s'éteignirent peu à peu, mais l'intérieur du pavillon resta éclairé.

« Elle pensa d'abord qu'un pistolet avait été déchargé et que l'édifice était en feu; sans se donner le temps de réfléchir, elle se précipita dans le vestibule, et frappa rudement à la porte de son frère. Mon oncle, éveillé par le bruit lointain, avait couru à la fenêtre; il crut de même voir un incendie. Les cris perçants qui suivirent l'explosion lui semblèrent appeler du secours; la circonstance était inexplicable; mais il comprit la nécessité de voler au pavillon. Il ouvrait sa porte lorsqu'il s'entendit appeler par sa sœur; il ne s'arrêta pas à l'écouter, descendit l'escalier à la hâte, et traversa la prairie qui s'étendait entre la maison et le rocher. Les cris ne se faisaient plus entendre, mais une lueur blafarde était encore visible entre les colonnes du temple. De trois côtés le pavillon s'avançait jusqu'au bord du précipice; sur le quatrième, qui peut être regardé comme la façade, il y avait une plate-forme de petite dimension, et à laquelle l'escalier aboutissait. Mon oncle franchit en courant les marches irrégulières taillées dans le roc; ses forces furent un moment épuisées par la précipitation, il s'arrêta pour respirer, mais en observant d'un œil avide le spectacle qui s'offrit à ses regards.

Il aperçut dans l'intérieur de la colonnade une chose qu'il ne pouvait mieux décrire qu'en la comparant à un nuage imprégné de lumière. Elle avait l'éclat de la flamme sans en avoir le mouvement d'ascension; elle ne remplissait pas toute l'enceinte et ne s'élevait qu'à une faible hauteur; aucune partie de l'édifice ne souffrait d'un voisinage si dangereux. Ce phénomène était surprenant; mon oncle avança vers le temple; à mesure qu'il approchait la lueur s'éloigna, et quand il mit le pied sur le seuil elle s'évanouit entièrement. Cette brusque transition rendit les ténèbres impénétrables; la frayeur et la surprise accablèrent mon oncle; un événement semblable, dans un lieu consacré à la prière, pouvait intimider le cœur le plus brave.

Le témoin de cette étrange scène fut rappelé à lui-même par des gémissements qui s'élevèrent d'auprès de lui; sa vue recouvra peu à peu sa puissance, et il parvint à découvrir mon père étendu sur la terre. A cet instant ma mère accourut avec des serviteurs et une lanterne ; mon oncle put examiner de près ce qu'il n'avait fait qu'entrevoir. Mon père, en sortant de la maison, avait, outre un large manteau et des pantoufles, une chemise et un caleçon ; maintenant il était nu, la peau de son corps avait été brûlée et meurtrie, son bras gauche semblait avoir été frappé violemment ; ses habits avaient disparu, et l'on ne s'aperçut pas d'abord qu'ils avaient été réduits en cendres ; ses pantoufles et ses cheveux étaient restés intacts.

On le transporta dans sa chambre, et les soins nécessaires furent donnés à ses blessures qui devinrent de plus en plus douloureuses. La gangrène se manifesta promptement dans le bras qui avait été froissé. Bientôt les autres parties souffrantes laissèrent voir les mêmes symptômes.

Immédiatement après la catastrophe, mon père tomba dans une profonde insensibilité. Il se montra indifférent à toutes les opérations, ouvrit à peine les yeux, et ne consentit que difficilement à répondre aux questions qui lui furent adressées. D'après son récit imparfait, on dut croire qu'au moment où, rempli de trouble et d'inquiétude, il redisait sa prière silencieuse, une faible clarté traversa tout à coup le pavillon. Il se figura aussitôt qu'une personne entrait une lampe à la main et venait derrière lui. Il se tournait pour examiner le visiteur importun, lorsqu'il se sentit frappé au bras gauche par une lourde massue. Au même instant une étincelle brillante parut sur ses habits, et en une seconde tout fut réduit en cendres. Ce furent là les seuls détails qu'il voulut bien donner. Il y avait dans le ton réservé de son discours quelque chose qui indiquait une histoire incomplète. Mon oncle penchait à croire qu'une bonne partie de la vérité avait été passée sous silence.

Cependant l'état du malade devint plus alarmant. La fièvre et le délire firent place à un sommeil léthargique, qui fut suivi de la mort dans l'espace de deux heures. A cet instant, des exhalaisons insupportables et une putréfaction croissante avaient éloigné de la chambre, et même de la maison, tous ceux que leur devoir n'y retenait pas.

Telle fut la mort de mon père; on n'en a guère vu de plus mystérieuse. Quand on se rappelle les sombres pressentiments de la victime, son inquiétude invincible, l'absence de tout danger vulgaire bien prouvée par le lieu de l'événement et les mœurs de l'époque, le ciel pur et sans nuages qui rendait impossible la chute de la foudre, quelles conjectures peut-on former sur ce mystère?

La clarté trompeuse, le coup sur le bras, l'étincelle fatale, l'explosion entendue de si loin, ce nuage de feu qui environnait mon père sans compromettre le pavillon, bâti cependant de matières combustibles, la disparition soudaine du nuage à l'approche de mon oncle; comment tout cela peut-il être expliqué?

La vérité des faits ne peut être mise en doute; le témoignage de mon oncle est digne de confiance, parce que jamais homme ne fut moins crédule et plus réservé dans ses affirmations.

J'étais alors une petite fille de six ans; l'impression que cette nuit m'a laissée est ineffaçable. Je ne pouvais bien me rendre compte de ce qui se passait alors; mais à mesure que j'avançai en âge et me familiarisai avec ces souvenirs, ils furent plus d'une fois le sujet de mes rêveries.

Leur ressemblance avec des événements postérieurs les a fait revivre avec une nouvelle force dans ma mémoire, et m'a souvent inspiré le désir de les expliquer.

Cette mort fut-elle le châtiment de la désobéissance, l'œuvre d'une main invisible et vengeresse? est-elle une preuve nouvelle que Dieu intervient dans les affaires des hommes, choisit et désigne ses agents, et enfin les oblige à accomplir ses ordres par une sanction inévitable? N'était-ce que le résultat de l'expansion anormale de ce fluide qui donne la vie à tout notre être, expansion produite par la fatigue de la journée ou l'état de l'âme de mon père?

Un fait dont les circonstances sont exactement semblables a été publié dans un journal de Florence. Voyez aussi des faits analogues rapportés par MM. Mérille et Muraire dans le *Journal de Médecine* de février et mai 1783. Les recherches de Maffei et de Fontana ont jeté quelque lumière sur ce sujet.

valle force dans ma mémoire, et m'a souvent inspiré le désir de les expliquer.

Cette mort lui-dit-le châtiment de la désobéissance. Prouve-t-elle réellement la Bible et engage-t-elle une preuve nouvelle que Dieu intervient dans les affaires des hommes, choisit et désigne ses agents, et enfin les oblige à accomplir ses ordres par une sanction invisible ? N'établit-ce que le mandat de l'expansion mosaïque de ce Roits qui donne la vie à tout mortel doit, expressément prédite par la fatigue de la journée ou l'état de l'âme de mon père..........

Le fait dont les personnes sont évidemment semblables a été publié dans un journal de Dublin. Voyez ci-après les articles rapportés par M. Maëlitte et Mignon dans le Journal de Médecine de février et avril 1825. Les recherches de Alexis et de Fontan, où l'été où quelques lumières ont été jetées............

La secousse éprouvée par ma mère dans cette funeste circonstance lui occasionna une maladie qui l'emporta en quelques semaines. Nous étions alors, mon frère et moi, de jeunes enfants. Nous devînmes orphelins sans comprendre notre malheur. Les biens que nous laissaient nos parents étaient assez considérables; on les plaça dans des mains fidèles jusqu'à l'époque de notre majorité, et notre éducation fut confiée à une tante, bonne demoiselle, qui habitait la ville, et dont la tendresse nous fit presque oublier que nous n'avions plus de mère.

Les années suivantes furent tranquilles et heureuses. Nous restâmes étrangers à la plupart des ennuis qui accablent l'enfance. Par suite d'un heureux naturel, plutôt que par l'effet d'une volonté éclairée, l'indulgence et le caractère facile de notre tante n'excluaient pas la fermeté et la résolution; elle se laissait aller rarement à une rigueur ou à une complaisance extrême; nos plaisirs ne furent jamais contrariés par des exigences déraisonnables. Nulle gêne, nulle contrainte; on nous fit apprendre la plupart des sciences utiles, et nous échappâmes heureusement aux dangers et à la tyrannie des pensions et des collèges.

Notre société se composait surtout des enfants de nos voisins ; il se forma bientôt entre l'un d'eux et mon frère une intimité durable. C'était une jeune fille nommée Catherine Pleyel ; elle était riche, belle, et unissait la douceur la plus séduisante à la plus folle gaieté ; l'affection que lui portait mon frère sembla donner plus de force à mes sentiments pour elle, et je fus payée de retour. Il ne nous manquait rien de ce qui favorise l'amitié ; nous étions du même sexe et du même âge, nous vivions presque sous les yeux l'une de l'autre, nos caractères étaient semblables, et les personnes chargées de notre éducation, après nous avoir prescrit les mêmes études, nous permirent de nous y adonner ensemble.

Chaque jour augmenta la puissance des liens établis entre Catherine, mon frère et moi ; nous arrivâmes peu à peu à fuir toute autre société et à trouver insupportables les heures où nous n'étions pas réunis. L'adolescence de mon frère ne changea rien à notre situation; on avait résolu d'en faire un planteur; sa fortune l'exemptait d'un travail personnel; la tâche qu'il devait remplir était par conséquent une surveillance volontaire, et le savoir qui lui était demandé pouvait s'acquérir par des observations accidentelles ou un travail de cabinet. Le temps qu'exigeaient ces études le forçait par intervalle à s'éloigner de nous, mais ces courtes absences ne faisaient que rendre les trois amis plus impatients de se revoir; nous ne savions goûter qu'ensemble les plaisirs du travail, de la promenade et de la musique.

Il était aisé de voir que Catherine et mon frère étaient faits l'un pour l'autre; leur passion mutuelle rompit bientôt les limites que la jeunesse avait imposées; des aveux furent obtenus ou surpris; néanmoins on retarda le mariage jusqu'à l'époque où mon frère atteignit sa majorité. Ce laps de deux ans fut rempli par la constance et les plus beaux rêves d'avenir.

O, mon frère!... Mais il faut que j'accomplisse la tâche que je me suis imposée. Le bonheur de ces jours d'autrefois ne fut assombri par aucun nuage; l'avenir était serein comme le présent; nous supposions que le temps aurait toujours en réserve de nouveaux plaisirs; mais je ne veux pas insister sur ces premières circonstances plus qu'il ne faut pour expliquer les choses étranges qui se sont passées depuis. Le jour des noces arriva enfin; mon frère prit possession de la maison où il était né, et ce fut là qu'on célébra le mariage retardé si longtemps.

Les biens de mon père furent partagés entre nous. Une jolie maison sur les bords de la rivière, à trois quarts de mille de la maison de mon frère, devint ma demeure. Je puis à peine expliquer ce qui m'empêcha de rester avec mes amis, à moins qu'on ne veuille croire que je désirais être économe de plaisir. Un sacrifice fait à propos est souvent un moyen d'augmenter le bien-être : j'avais, en outre, la fantaisie d'administrer un domaine et d'avoir un train de maison. La faible distance qui nous séparait nous permettait d'échanger des visites aussi souvent que nous le voulions; la promenade d'une maison à l'autre n'était pas un fâcheux prélude à nos entrevues.

Notre éducation n'avait subi l'influence d'aucune secte religieuse : on nous avait abandonnés à nos propres lumières et aux impressions que l'exemple pouvait produire sur nous. Le caractère de mon amie et la tournure de mes pensées nous exemptèrent de toute inquiétude à cet égard. Il ne faut pas supposer que nous fussions sans religion;

mais notre culte se bornait à de muettes actions de grâces provoquées par le sentiment de notre bonheur, par le magnifique spectacle des beautés de la nature, par la contemplation de son immensité ; nous ne cherchions pas une base à notre foi dans l'examen des preuves et la discussion des croyances ; notre piété se manifestait par une ferveur confuse et spontanée que nous exprimions rarement avec les lèvres, et que nous ne voulions ni provoquer ni soutenir : il semblait alors que nous n'en eussions pas besoin. La religion est une compagne précieuse dans le malheur ; le malheur était encore éloigné ; il ne servait pour nous qu'à rendre plus sensible la paix ineffable de l'heure présente.

La position de mon frère n'était pas tout à fait la même ; ses manières étaient graves, discrètes et rêveuses ; je ne dirai pas s'il devait ce caractère à de plus hautes pensées. La vie humaine, dans son opinion, n'était qu'une existence transitoire, et les principes du bien et du mal n'avaient, sur la terre, que des limites indécises. L'avenir, avant et après la mort, cachait des mystères impénétrables, et devait tenir constamment notre âme attentive : nous ne pensions guère différemment ; mais ces vérités le préoccupaient sans cesse, tandis que toutes nos idées avaient quelque chose d'insouciant et de folâtre : son esprit était plus sérieux que le nôtre ; il ne devait pourtant à ses pensées ni une profonde tristesse, ni une frayeur puérile. Leur action se bornait à répandre sur toute sa personne un air grave et pensif ; ses traits et sa voix trahissaient une sorte de touchante mélancolie : je ne me souviens pas de l'avoir entendu rire ; il n'accordait jamais plus qu'un sourire à la gaieté de ses compagnons. Néanmoins, il suivait nos fantaisies ; il partageait nos travaux et nos plaisirs avec un zèle aussi grand que le nôtre, mais d'une espèce différente. La diversité de nos caractères n'enfanta pas la moindre discorde, et ne nous causa pas même un regret. Elle animait la scène sans y jeter de la confusion; elle préservait nos entretiens de ce calme désolant qui semble parfois plus triste que l'orage. Le mouvement et la contradiction sont très-favorables à l'intelligence.

Mon frère suivait dans ses études une voie difficile et austère. Il était versé dans l'histoire des opinions religieuses, et s'efforçait de vérifier leur origine; il croyait indispensable d'examiner les bases de sa croyance, de connaître les rapports qui doivent exister entre les motifs et les actions des hommes, et enfin de se préparer toute la vie au but mystérieux que la Providence nous assigne.

Il y avait entre lui et mon père une grande ressemblance dans l'idée qu'ils se formaient de certains principes et dans leur manière d'envisager les vicissitudes de la vie humaine. Leurs caractères étaient semblables, mais l'esprit du fils avait reçu les bienfaits de la science.

Le pavillon, cependant, n'était plus réservé à son ancien usage. Mon frère avait acheté un buste de Cicéron d'un aventurier italien, qui avait mal à propos cru trouver en Amérique l'emploi de ses talents et la vente de ses sculptures. Le brave homme prétendait avoir copié ce chef-d'œuvre sur un antique déterré par lui dans les environs de Modène. Nous n'étions pas juges compétents de la vérité de cette assertion : mais le marbre était pur et poli. Nous nous contentâmes d'admirer le travail sans attendre la sanction des connaisseurs. Nous fîmes tailler par le même artiste un piédestal convenable, dans une carrière voisine. On le plaça dans le pavillon, et le buste y fut posé. Il y avait en face une harpe qu'un toit mobile tenait à l'abri des injures du temps. C'était là notre lieu de réunion dans les soirs d'été. Là nous chantions, nous oubliions les heures au milieu de causeries sans fin ou de lectures choisies; là, nous faisions quelquefois le dernier repas du jour. Les impressions les plus agréables, les plus pures, les plus chères à ma mémoire sont unies au souvenir de cet édifice. C'est là que nous redisions les vers et la musique de notre aïeul; c'est là que les enfants de mon frère reçurent les premiers principes de leur éducation; c'est là enfin qu'eurent lieu nos plus doux épanchements, et que des larmes délicieuses témoignèrent de notre félicité.

Mon frère aimait l'étude avec passion. Presque tous les grands auteurs lui étaient familiers, mais Cicéron était l'objet de son culte habituel. Il ne se lassait pas d'en approfondir et d'en réciter les œuvres. Il ne se contentait pas de les comprendre. Il était inquiet de découvrir le ton et les gestes avec lesquels ils devaient être rendus. Il était scrupuleux dans le choix du mode de prononciation de la langue latine, et son plus beau triomphe était d'embellir son auteur favori de toutes les nuances du geste et de la voix.

Il mettait en outre une extrême vigilance à constater ou à rétablir la pureté du texte. Dans ce but, il recueillit toutes les éditions et tous les commentaires qu'il parvint à découvrir, et passa des jours entiers à les comparer ensemble. Il ne laissait jamais voir plus de satisfaction que lorsqu'il avait eu le bonheur de faire quelque découverte dans ce genre.

Cette passion pour l'éloquence romaine ne fut point favorisée par une sympathie de goût jusqu'à l'arrivée d'Henri Pleyel, frère unique de mon amie. Ce jeune homme avait habité l'Europe pendant plusieurs années. Nous étions séparés depuis la première jeunesse. Il revint pour passer le reste de ses jours avec sa famille.

Notre petit cercle fut animé aussi bien qu'agrandi par la présence de ce nouveau compagnon. La conversation d'Henri Pleyel était pleine de charmes. Sa gaieté avait quelque chose de bruyant, mais il était capable de conserver un maintien sérieux quand l'occasion le demandait. Son intelligence était prompte. Il semblait enclin à envisager toute chose comme un sujet de plaisanterie. Son imagination était vive, mais rieuse, et sa mémoire aidée, comme il l'avouait ingénument, par ses inventions, était un fonds inépuisable de récits intéressants.

Sa résidence était assez éloignée de la nôtre, puisqu'il fallait traverser la ville pour s'y rendre de notre maison. Mais il se passait rarement un jour sans que nous fussions favorisés d'une visite. Henri et mon frère étaient doués du même enthousiasme pour les auteurs latins, et Pleyel ne le cédait pas à son ami dans la science de l'histoire et des abstractions philosophiques. Leurs opinions néanmoins étaient diamétralement opposées. Où l'un ne voyait qu'une confirmation de ses croyances, l'autre découvrait de nouvelles raisons de doute. La *Nécessité morale* et la *Grâce* de Calvin servaient de thème à mon frère. Pleyel était le champion de la liberté intellectuelle, et n'admettait que l'autorité de la raison. Leurs discussions étaient fréquentes; mais comme elles étaient conduites avec autant de franchise que d'adresse, nous les écoutions toujours avec empressement et profit.

Pleyel avait comme nous une grande passion pour la musique et la poésie. Désormais nos concerts furent composés de deux violons, d'une harpe et de troix voix. Il nous arriva souvent de remarquer l'influence de la société sur le bonheur. Nous ne pouvions nous passer de notre nouvel ami ; quoique avant son retour rien ne parût nous manquer, son départ aurait occasionné un vide immense et des regrets sans nombre. Mon frère lui-même, bien qu'il vît ses opinions battues en brèche et la divinité de Cicéron souvent contestée, aimait Pleyel de tout son cœur et déridait son front sévère à l'approche du jeune sceptique.

lois, d'une largeur et de trois voix. Il nous arrive souvent de remarquer l'affluence de la société aux t'-licabant. Nous ne pouvons nous persuade cette honorable ; quoique avant son retour rien ne parût annoncer son départ aurait désiccioné un vide immense et des regrets sans nombre. Mon être lui-même, bien qu'il ait ses opinions battues en brèche et la Gironde de Cheron souvent prétendu, ayant Royal de tout son cœur et déclaré son Foul aveni à l'épreuve du jeune Sacapilou.

## IV

Mon frère avait quatre enfants, dont trois étaient d'âge à compenser par leurs propres les bons qu'ils avaient données dès un âge plus tendre. Le quatrième, plus jeune, mais d'une santé florissante, promettait d'être la vivante image de sa mère.

Six ans d'un bonheur sans mélange s'étaient écoulés depuis le mariage de Wieland. On avait, il est vrai, entendu le bruit des armes, mais à une telle distance, qu'il nous avertit seulement de faire un retour sur nous-mêmes afin de mieux sentir le calme dont nous jouissions. Les Indiens avaient été repoussés, et le Canada avait changé de maîtres. Les révolutions et les batailles sont des fléaux terribles pour ceux qui occupent la scène; chose étrange ! ils contribuèrent en quelque sorte à notre bonheur en agitant nos esprits par la curiosité, et en nous donnant de nouveaux motifs d'orgueil national.

Mon frère avait quatre enfants, dont trois étaient d'âge à compenser par leurs progrès les peines qu'ils avaient données dans un âge plus tendre. Le quatrième, plus jeune, mais d'une santé florissante, promettait d'être la vivante image de sa mère.

Un après-midi, pendant le mois de mai, la tiédeur de l'air et le parfum du feuillage nous avaient rassemblés plus tôt que de coutume dans le pavillon. Les femmes travaillaient à l'aiguille, tandis que Pleyel et mon frère causaient entre eux, allant de souvenir en souvenir, d'un sujet à un autre, des siècles futurs aux temps écoulés. La discussion arriva par une pente insensible au sujet favori. Mon frère admirait dans le discours *pro Cluentio* le talent de l'orateur romain et la représentation fidèle des mœurs de l'époque. Pleyel s'efforça d'atténuer ce double mérite et de montrer que l'orateur avait embrassé une cause au moins douteuse. Il ajouta qu'il serait absurde de voir les mœurs d'une nation dans la peinture d'une seule famille, et de les chercher dans les périodes emphatiques d'un faiseur de plaidoyers.

La controverse prit tout à coup une nouvelle direction par une erreur accidentelle. Pleyel accusa son ami de dire *polliciatur* quand il aurait fallu dire *polliceretur*. Rien ne pouvait trancher la question, si ce n'est un appel au volume. Mon frère allait à la maison, consulter sa bibliothèque, lorsqu'il rencontra un domestique avec une lettre du major Stuard. Il revint aussitôt sur ses pas afin de la lire avec nous.

Outre des compliments affectueux pour toute la famille, cette lettre contenait une description de la cataracte de Monongahela. Une ondée subite nous obligea à regagner la maison; l'orage s'éloigna pourtant et fut suivi par un beau clair de lune. Personne n'ayant parlé de reprendre les places abandonnées dans le belvédère, nous restâmes où nous étions. La lettre du major devint le sujet de notre entretien; un parallèle fut établi entre la cataracte dont j'ai parlé et une cascade que Pleyel avait rencontrée dans les Alpes de Glaris. Nous ne fûmes bientôt plus d'accord sur certaines particularités relatives à la première de ces merveilles. Pour mettre fin à la discussion, on proposa d'avoir recours à la lettre. Mon frère la chercha dans ses poches et ne put la découvrir; à la fin, il se rappela qu'il l'avait laissée dans le pavillon et voulut aller la chercher. Pleyel et Catherine restèrent avec moi dans le salon.

Wieland revint au bout de quelques minutes; j'avais pris part à la conversation et j'attendais son retour avec impatience. Néanmoins, lorsque j'entendis ses pas dans l'escalier, je ne pus m'empêcher d'observer qu'il avait exécuté son dessein avec une rapidité extraordinaire. Mes yeux se fixèrent sur lui lorsqu'il entra; je crus m'apercevoir qu'il n'avait pas le même air qu'en partant; sa figure trahissait un mélange de surprise et d'inquiétude; ses regards semblaient chercher quelque chose; ils passèrent rapidement d'une personne à une autre jusqu'à ce qu'ils s'arrêtèrent sur sa femme; elle était assise négligemment sur le sofa, qu'elle n'avait pas quitté depuis le départ de son mari. Elle avait à la main la même mousseline et donnait toute son attention à sa broderie.

La perplexité de mon frère augmenta visiblement dès qu'il vit sa femme. Il s'assit avec lenteur, et, fixant les yeux sur le parquet, sembla absorbé dans une profonde méditation. Ces singularités m'empêchèrent de le questionner au sujet de la cascade. Cependant Henri et Catherine avaient porté toute leur attention sur Wieland; ils crurent qu'il prenait haleine avant de montrer la lettre, mais il garda le silence. A la fin Pleyel s'écria :

— Voyons, je suppose que vous l'avez?

— Non, répondit Wieland, sans perdre son air grave et les yeux toujours fixés sur sa femme, je ne suis pas allé jusqu'au haut de la montagne.

— Et pourquoi?

— Catherine, n'êtes-vous pas sortie de cette chambre depuis que j'ai quitté la maison?

Il parlait avec une solennité qui frappa si bien mon amie, qu'elle laissa tomber son ouvrage sur ses genoux et répondit :

— Non ; mais que veut dire cette question?

Les regards de Wieland se fixèrent de nouveau sur le parquet, et il hésita un moment à répondre; à la fin, il dit, en nous regardant tour à tour :

— Est-il vrai que Catherine ne m'ait pas suivi sur la montagne? ne vient-elle pas de rentrer à l'instant même dans le salon?

Nous l'assurâmes tous ensemble qu'elle n'avait pas été absente pendant une seconde.

— Votre réponse est unanime, dit-il; je la crois sincère, et pourtant je dois refuser d'y ajouter foi ou nier le témoignage de mes sens, qui m'ont assuré qu'au moment où j'étais à la moitié des marches qui conduisent au belvédère, Catherine se trouvait au pied de la montagne.

Nous fûmes confondus à cette déclaration. Pleyel railla mon frère avec tout l'enjouement possible ; Wieland écouta son ami avec calme, mais sans paraître moins préoccupé.

— Une chose est vraie, dit-il avec gravité ; ou j'ai entendu la voix de ma femme au bas de la montagne, ou je n'entends pas votre voix à présent.

— Certes, répondit Pleyel, vous voilà réduit à un triste dilemme ; si le témoignage de nos yeux mérite quelque confiance, il est certain que votre femme est restée assise sur le sofa pendant votre expédition. Vous avez entendu sa voix, dites-vous, sur le rocher ? En général, sa voix est comme son caractère ; elle est d'une extrême douceur et ne parvient à se faire entendre d'un bout de la chambre à l'autre qu'en se forçant un peu. D'ailleurs Cathérine, pendant votre absence, n'a pas dit un seul mot ; j'ai fait avec Clara tous les frais de la conversation. Il est possible pourtant que vous ayez eu avec votre femme une petite conférence à demi-voix : donnez-nous là-dessus quelques détails.

— La conférence, répondit Wieland, a été courte sans doute, mais il s'en faut qu'elle ait eu lieu à voix basse. Vous savez dans quelle intention je suis parti. A moitié chemin, sur le sentier, la lune se voila d'un nuage. Je n'ai jamais senti l'air plus doux et plus tranquille. En marchant, je regardai le pavillon et crus voir une lueur entre les colonnes ; et elle était si faible qu'elle n'eût peut-être pas été visible si la lune eût éclairé la scène. Je regardai encore, mais je ne vis plus rien. Je n'aborde guère, seul ou pendant la nuit, cet édifice sans me rappeler le sort de mon père. Il n'y avait rien d'extraordinaire dans le phénomène que j'avais entrevu; il m'affecta néanmoins plus que ne l'auraient fait l'isolement et les ténèbres.

Je continuai ma route. Mes pensées avaient pris une tournure un peu sombre, et je sentis naître en moi, non pas de la frayeur, mais une vague curiosité au sujet de cette lumière évanouie. J'étais arrivé au milieu de la montagne, lorsqu'une voix m'appela de quelque distance; les sons en étaient clairs, distincts et puissants; ils étaient articulés, j'ai dû le croire, au moins, par ma femme. Sa voix n'est pas ordinairement aussi forte; mais je l'ai entendue quelquefois s'élever à une grande puissance. Si mon oreille n'a pas été trompée, c'est bien Catherine qui m'a dit : — Arrête-toi, ne va pas plus loin ! il y a du danger là-haut.

La soudaineté de cet avis, le ton d'alarme avec lequel il était donné, et surtout la persuasion que c'était ma femme qui parlait, m'arrêtèrent brusquement; je me tournai vers la prairie, et prêtai l'oreille pour m'assurer que ce n'était point une illusion. Le plus profond silence régnait au loin. Je me décidai à parler à mon tour : — Qui m'appelle ? Est-ce vous, Catherine ?

Je m'arrêtai et reçus aussitôt une réponse.

— Oui, c'est moi; ne va pas plus loin, reviens vite; on t'attend à la maison.

C'était encore la voix de Catherine, et cette voix venait de la dernière marche au bas de l'escalier.

Que pouvais-je faire? cet avis était mystérieux, surtout parce qu'il venait de Catherine, à une place et dans une occasion semblables ; je ne pouvais qu'obéir. Je revins donc sur mes pas, croyant que ma femme m'attendait au pied de la montagne. Quand j'y arrivai, je ne vis personne ; la lune avait reparu et brillait d'une clarté sereine ; mais aussi loin que ma vue s'étendit, je n'aperçus pas une figure vivante. Catherine, si elle avait repris le chemin de la maison, devait avoir marché avec une étrange vitesse pour n'être déjà plus à la portée du regard. J'élevai la voix, mais en vain.

Etonné de ces incidents, je revins ici. Il ne m'était pas possible de douter que je n'eusse entendu la voix de ma femme ; je n'expliquais pas les circonstances de notre dialogue, et vous m'assurez à présent que rien d'extraordinaire n'est arrivé qui demandât mon retour, et que ma femme n'a pas quitté le salon.

Tel fut le récit de mon frère ; chacun de nous en conserva une impression différente. Pleyel n'hésita pas à regarder tout ce qui avait eu lieu comme une duperie des sens. Peut-être une voix avait-elle été entendue ; mais l'imagination de Wieland l'avait trompé, en lui faisant admettre une ressemblance entre cette voix et la voix de sa femme, et donner tant de portée aux intonations. Pleyel disait là ce qu'il pensait, comme d'habitude. Il soutint d'abord son opinion d'une manière sérieuse, mais il préféra ensuite les armes de la plaisanterie. Il ne croyait pas que son ami pût se laisser convaincre par de graves raisonnements, et pensait qu'un badinage mesuré dissiperait mieux la tristesse produite dans son âme par une semblable aventure.

Pleyel proposa d'aller lui-même chercher la lettre. Il y courut, et revint bientôt la tenant à la main. Il l'avait trouvée ouverte sur le piédestal, et rien n'était venu l'empêcher d'accomplir sa mission.

Catherine était une femme de bon sens; mais son esprit avait un côté faible qui la rendait accessible à la surprise et aux terreurs paniques. Elle éprouva une grande inquiétude en voyant le rôle inexplicable que sa voix pouvait ainsi jouer. Elle admit d'abord les raisons au moyen desquelles Henri s'efforça de prouver que ce n'était rien qu'une déception ; mais cette assurance fut ébranlée dès que mon amie, jetant les yeux sur Wieland, comprit que la logique de Pleyel était loin d'avoir produit le même effet sur tout le monde.

Quant à moi, j'écoutai avec attention tous les détails de cette aventure. Je ne pus m'empêcher d'y voir une fatale ressemblance avec la mort de mon père. J'avais souvent réfléchi sur ce dernier événement ; mes conjectures ne m'avaient pas fait découvrir la vérité. Il fallait bien reconnaître quelque chose de miraculeux dans cette mort, et cependant je repoussais toujours ce genre d'explication. Ce mystère excitait mon étonnement, sans me causer le moindre trouble ou la moindre frayeur; j'en rappelais même le souvenir avec une sorte de volupté. Le nouvel incident produisit sur moi une impression analogue; mais son effet sur Wieland devait avoir une plus grande importance. Il n'était pas possible d'espérer que mon frère ne se ressentît pas d'une telle secousse, quoique les suites de sa préoccupation et de sa mélancolie ne semblassent pas fort à craindre. Cependant je ne pouvais me résoudre à croire que ses sens eussent été victimes d'une telle illusion. Mais alors cet esclavage de la pensée prouvait un état maladif, précurseur de plus terribles symptômes. La volonté est l'instrument de l'intelligence; l'intelligence est soumise à l'action des objets extérieurs. Si cette action n'est pas régulière, il est impossible de prévoir les malheurs qui peuvent suivre l'obéissance de la volonté à un maître perverti.

Je me disais : « Mon frère a une âme ardente et mélancolique. Des pensées qui ne sont qu'indécises et passagères chez les autres prennent sur lui un empire absolu. Il base toutes ses théories, toutes ses actions sur l'idée de la Providence, et sur les lois de notre organisation intellectuelle. Il y a quelque chose en lui d'un exalté; mais il fortifie sa croyance par des raisonnements et des subtilités sans nombre. »

Wieland attribuait la mort de mon père à un effet direct de la volonté divine. Le souvenir de cette catastrophe le tourmentait sans relâche. Le dernier événement ne fit qu'ajouter à la tristesse de son âme : il fut moins disposé que jamais à converser et à lire. Lorsque nous sondions sa pensée, elle avait un rapport plus ou moins direct avec les aventures mystérieuses. Il était difficile de constater l'espèce d'impression qu'elles avaient faite sur lui, car il évitait d'en parler, et ne répondait que par un sourire grave et silencieux aux boutades moqueuses de Pleyel.

Il m'arriva un soir d'être seule avec lui dans le belvédère. Je saisis cette occasion d'approfondir l'état de son esprit. Après un silence qu'il ne semblait pas disposé à rompre, je lui dis : — Cette obscurité est presque palpable, et cependant un rayon d'en haut pourrait la faire évanouir.

— Ah! sans doute, répondit Wieland avec ferveur, et la nuit de l'âme serait dissipée.

— Mais, dis-je alors, pourquoi la volonté divine aurait-elle besoin de parler aux yeux du corps?

Mon frère sourit d'une manière significative.

— Vous avez raison, dit-il, l'âme a d'autres avenues.

— Vous ne m'avez jamais, répliquai-je, manifesté clairement votre opinion sur la dernière aventure.

— Il y a plusieurs manières d'envisager cet événement. J'y vois un effet dont la cause échappe à toutes les recherches. Supposer une illusion de ma part est impossible. Il y a, d'ailleurs, vingt autres conjectures plus raisonnables.

— Et quelles sont toutes ces conjectures ?

— Il est inutile d'en parler. Elles sont peut-être moins hasardées que celles de notre ami. Le temps peut même donner à l'une d'elles une certitude absolue ; mais, à présent, il est inutile de s'étendre sur ce sujet.

## V

Quelque temps après, il survint un autre incident plus remarquable encore. Pleyel, à son retour d'Europe, avait apporté de grandes nouvelles à Wieland. Mes ancêtres appartenaient, comme je l'ai dit, à une famille noble d'Allemagne, et possédaient des terres magnifiques dans la Lusace. Les personnes qui excluaient mon frère de cette succession étaient mortes dans les campagnes de Saxe. Pleyel, ayant fait d'exactes recherches, avait découvert que, suivant la loi de primogéniture, l'exclusion des femmes rendait irrécusables les prétentions de mon frère. Il ne fallait, pour réussir, que retourner en Europe et demander l'envoi en possession.

Pleyel conseillait hardiment ce voyage. Les avantages que nous devions trouver à passer la mer étaient, selon notre ami, d'une telle importance, qu'il n'était guère possible d'hésiter. Contre son attente, il trouva mon frère opposé à ce projet. Il crut que de faibles efforts viendraient à bout de cette résistance, mais il se trompa dans son calcul. L'intérêt qu'il avait toujours pris au bonheur de sa famille, et son affection pour l'Allemagne, lui inspirèrent de nouvelles tentatives pour arracher le consentement de son ami. Il employa toutes les ressources de la dialectique. Il peignit avec des couleurs attrayantes les mœurs et l'organisation de la mère-patrie, la sécurité des droits civils et la liberté des opinions religieuses. Il fit ressortir les avantages du rang et de la fortune, et trouva même dans la condition servile des paysans de la Saxe une raison en faveur du voyage. Les revenus et les droits exorbitants des seigneurs ne pouvaient-ils pas servir à la bienfaisance? Les malheurs causés par le pouvoir lorsqu'il est en de mauvaises mains sont proportionnés aux avantages dont il est la source, quand il est bien placé. Wieland priverait donc ses vassaux d'un bonheur inespéré, s'il ne réclamait pas ses domaines, et livrerait une foule innocente à toutes les infortunes qui peuvent accompagner un maître plus sévère.

Il était facile à mon frère de repousser de

semblables arguments, et de prouver qu'en aucun lieu de la terre on ne jouissait d'une aussi grande liberté qu'en Amérique. Les dévastations récentes commises par les Prussiens dans la Saxe étaient un exemple des dangers qu'on pouvait courir en Europe. La guerre, d'ailleurs, menaçait l'Allemagne à la fois au nord, au midi et à l'occident. Mais, pour laisser de côté ces objections un peu timides, ne serait-on pas blâmable d'accepter la fortune et le pouvoir lorsqu'on les regarde comme une source de dépravation? Quelle garantie avait mon frère de ne pas devenir aussi efféminé que ses nobles voisins, s'il changeait de pays et de condition? Le pouvoir et la richesse sont principalement à craindre en raison de leur tendance à dépraver celui qui les possède. Mon frère les abhorrait comme une cause de misère, non-seulement pour les autres, mais encore pour celui à qui elles appartiennent. D'ailleurs, la richesse est une chose relative; n'était-il pas riche déjà? ne vivait-il pas dans l'aisance et dans une paix profonde? Tous les éléments de bien-être que la raison et le cœur peuvent désirer n'étaient-ils pas à sa portée? les abandonnerait-il pour des espérances aventureuses? En supposant la légitimité de ses droits, il fallait, pour les défendre, qu'il passât en Europe et y demeurât pendant longtemps séparé de sa famille; il fallait s'exposer aux dangers et aux déplaisirs de la traversée, se priver des jouissances domestiques, enlever à sa femme un ami qu'on ne remplace pas, à ses enfants un père, un précepteur; et, tout cela, pourquoi? Pour les avantages douteux qui sont attachés à la fortune et à la puissance; pour une possession précaire dans un pays livré aux discordes civiles, ouvert aux invasions étrangères.

Pleyel avait plusieurs raisons d'être attaché à son projet. Outre les résultats qu'il en attendait pour ses amis, il avait une espérance toute personnelle; il avait habité Leipsick assez longtemps pour n'y être plus étranger; il avait eu des rapports intimes avec plusieurs familles, et n'était pas resté indifférent à l'éclat de la beauté en Allemagne; il avait aimé, ou cru aimer, une jeune femme, d'une haute naissance, mariée à un conseiller aulique. Depuis le retour de Pleyel en Amérique, elle était devenue veuve, et rien ne s'opposait à l'union qu'il avait souhaitée; il était décidé à entreprendre le voyage, mais il voulait être accompagné par Wieland; et d'ailleurs, je puis le dire, il supportait avec peine l'idée d'une longue séparation d'avec nous.

Il n'avait aucun espoir de nous faire entrer dans ses vues, Catherine et moi; aussi ne nous laissa-t-il rien entrevoir de ses projets, afin que nous ne pussions unir nos efforts et appuyer la résistance de mon frère, qui semblait déjà assez difficile à vaincre ; il nous cacha même son dessein avec la plus grande précaution. Il fallait d'abord convertir Wieland ; ce ne serait plus ensuite une tâche aussi malaisée de surmonter nos répugnances. Mon frère se taisait pour d'autres raisons, parce qu'il ne se croyait pas exposé à changer d'avis et voulait nous éviter toute inquiétude à cet égard ; il savait bien que notre bonheur eût été compromis par la seule pensée d'un voyage possible.

Un jour (c'était trois semaines après la rencontre mystérieuse), il fut convenu que la famille se réunirait chez moi ; nous avions rarement passé une journée plus sereine et plus heureuse que celle-là. Pleyel avait promis de venir de grand matin, mais il tarda jusqu'au soir. A son arrivée, il ne fut pas difficile de lire sur son visage un désappointement extraordinaire. Sans attendre nos questions, il nous expliqua son absence. Deux jours auparavant, un paquebot était arrivé de Hambourg ; Pleyel s'était flatté de recevoir une lettre par cette voie ; il ne lui en était point parvenu. Cette circonstance affecta profondément notre ami ; il cherchait à se rendre compte du silence de ses correspondants ; il souffrait peut-être la torture de la jalousie, et je puis bien juger de sa souffrance. Il soupçonnait l'infidélité de la femme qu'il aimait encore ; la maladie, l'absence, la mort auraient été de nouvelles raisons d'être informé de ce qui se passait ; la perte d'une lettre était impossible de Leipsick à Hambourg et de Hambourg jusqu'ici.

Désormais, Pleyel avait été retenu assez longtemps en Amérique par l'aversion de Wieland pour le voyage projeté ; il ne songea plus qu'à retourner en Europe, et bientôt, son impatience n'ayant plus de bornes, il résolut de s'embarquer sur le premier vaisseau qui mettrait à la voile.

Avant de partir, il se décida à faire une dernière tentative pour ébranler la résolution de mon frère. La soirée était déjà avancée lorsqu'il invita son ami à le suivre dans la campagne ; l'invitation fut acceptée, et ils me laissèrent avec Catherine chercher une distraction selon notre fantaisie.

Ils avaient promis d'être bientôt de retour ; mais les heures s'écoulèrent, et ils ne revinrent pas. Engagées dans une conversation animée, ce ne fut qu'au moment où l'horloge sonna minuit que nous remarquâmes le temps qui s'était écoulé ; l'absence de nos amis éveilla bientôt en nous des appréhensions sans nombre. Nous exprimions nos craintes et mêlions nos conjectures sur la cause de ce retard, lorsqu'ils entrèrent ensemble ; il y avait sur leurs visages une altération qui me rendit muette ; elle ne fut pas remarquée par Catherine, qui songeait à exprimer sa surprise de la longueur de leur promenade. Pendant qu'ils écoutaient mon amie, j'observai que leur étonnement n'était pas moindre que le nôtre; ils se regardaient en silence. J'épiai leurs regards, mais je ne pus comprendre l'agitation qu'ils trahissaient.

L'air singulier de Wieland fit prendre une autre direction à la curiosité de Catherine.

— Que signifie, dit-elle, ce silence, et pourquoi me regardez-vous ainsi?

Pleyel revint à lui aussitôt, et, avec le ton de l'indifférence, donna une mauvaise excuse, tandis qu'il jetait sur Wieland un regard expressif, comme pour prévenir un aveu. Mon frère ne dit rien et tomba dans une profonde rêverie; je restai de même silencieuse, mais je brûlais d'approfondir ce mystère. Quelques instants après, Catherine et son mari retournèrent chez eux. Pleyel voulut, de son propre

## OU LA VOIX MYSTÉRIEUSE.

mouvement, être mon hôte pour la nuit ; cette nouvelle circonstance m'étonna autant que toutes les choses qui venaient de se passer.

Dès que nous fûmes seuls, Pleyel laissa voir sur son visage un air de gravité et même de consternation que je ne lui avais jamais vu auparavant. Ses pas larges et rapides indiquaient le trouble de son âme ; mes questions furent suspendues par l'espérance qu'il me donnerait quelques renseignements sans que je les lui demandasse. J'attendis quelque temps ; mais la confusion de ses pensées sembla rester la même. A la fin, je parlai des craintes que leur absence avait fait naître et qu'avait augmentées leur conduite étrange depuis leur retour : je demandai une explication. Il s'arrêta dès ma première parole et me regarda fixement. Lorsque j'eus achevé, il me dit d'une voix qui tremblait d'émotion :

— Qu'avez-vous fait pendant notre absence?

— Nous avons feuilleté le dictionnaire *della Crusca* et parlé de mille choses ; mais au moment de votre arrivée, nous nous tourmentions à expliquer votre absence.

— Catherine est toujours restée avec vous?

— Toujours.

— Mais... en êtes-vous certaine?

— Très-certaine.

Il sembla interroger encore une fois mes gestes, mes yeux, mon visage, comme pour s'assurer de ma sincérité ; ensuite, joignant les mains et les élevant au-dessus de sa tête, il s'écria :

— Eh bien! j'ai des nouvelles à vous apprendre : la baronne de Stolberg est morte!

C'était la femme qu'il avait aimée. Je ne fus

pas étonnée du trouble qu'il laissait voir ; mais comment avait-il appris cette nouvelle ? quel rapport cette circonstance pouvait-elle avoir avec la présence de Catherine dans la maison ? Pleyel ne fit d'abord aucune réponse ; lorsqu'il parla, ce fut pour ainsi dire une continuation de la rêverie dans laquelle il avait été plongé.

— Ce n'est peut-être qu'une illusion des sens... mais deux personnes peuvent-elles être ainsi également trompées ? Prodigieuse rencontre !... Et pourtant, si la voix a dit vrai, Thérèse est morte. Non, non, continua-t-il en se couvrant le visage de ses mains et d'une voix entrecoupée de sanglots, elle n'a pas écrit ; mais, si elle était morte, mon fidèle Bertram m'aurait donné avis de cette mort... Ah ! si vous l'aviez connue, vous la pleureriez avec moi. Elle était bonne comme vous ; elle était bonne, quoiqu'elle ne fût pas heureuse; j'ai été seul le confident de ses peines. Pardon, Clara. Ma conduite et mes paroles vous semblent inintelligibles; je les expliquerai autant que cela est en mon pouvoir; mais n'en dites pas un mot à Catherine; elle n'a pas votre force d'esprit, et, d'ailleurs, elle aurait plus de raisons pour s'effrayer; c'est l'ange de ieland.

Pleyel m'informa alors pour la première fois du projet dans lequel il avait voulu faire entrer mon frère; il mentionna l'effet produit sur sa propre résolution par l'absence d'une lettre.

— Pendant notre promenade, continua-t-il, j'abordai la question du voyage et revins sur toutes les raisons que j'avais données, mais en les présentant avec une nouvelle force. Wieland resta inébranlable; il s'étendit sur les périls de la fortune et du pouvoir, sur la sainteté des devoirs de famille et le bonheur de l'obscurité.

Il n'est pas étonnant que nous ayons laissé passer les heures sans les compter; la discussion était importante, et chacun de nous y apportait d'autant plus d'ardeur, que nous l'abordions pour la dernière fois. Nous arrivâmes ainsi, à plusieurs reprises, jusqu'au rocher; aussitôt qu'il frappait nos regards, nous prenions une autre direction, mais nos détours aboutissaient malgré nous au pied de la montagne. A la fin, votre frère fit cette remarque :

— Nous semblons, dit-il, être ramenés ici par une espèce de fatalité. Puisque nous y voilà, montons et reposons-nous un peu. Si vous n'êtes pas fatigué de notre conversation, nous la reprendrons là-haut.

Je consentis sans rien dire. Nous montâmes jusqu'au belvédère, et, tournant le sofa de manière à dominer le paysage, nous nous assîmes. Je repris la discussion où nous l'avions laissée. Je plaisantai Wieland sur la frayeur qu'il avait de la mer; il me laissa continuer sans m'interrompre, et enfin me répondit :

— Supposons que vous fassiez par vos moqueries ce que vous n'avez pu faire par vos raisonnements ; supposons que j'admette l'excellence de votre projet, qu'aurez-vous gagné? Rien. Vous avez d'autres ennemis à vaincre après moi; votre tâche est à peine commencée ; il reste ma sœur et ma femme. Ce sont là des adversaires que tous vos stratagèmes ne tromperont pas.

Je voulus faire entendre qu'elles suivraient ses volontés, que sa femme regardait l'obéissance comme un devoir. Il répondit avec chaleur :

— Vous vous trompez; leur consentement est indispensable. Je n'ai pas l'habitude d'exiger des sacrifices de cette espèce; je suis leur protecteur, leur ami, et non leur tyran. Si ma femme pense que le voyage serait funeste à son bonheur et à celui de ses enfants, nous devons rester où nous sommes; nous y resterons.

— Mais, dis-je, quand elle saura votre bon plaisir, ne s'y conformera-t-elle pas?

Avant que votre frère pût me répondre, un « non! » bien articulé se fit entendre; il ne venait ni de droite, ni de gauche, ni de devant, ni de derrière nous, mais d'en haut. De quelque part qu'il vînt, quelle bouche l'avait prononcé?

L'incertitude qui aurait pu naître au sujet de la réalité de cette réponse devint impossible; car nous entendîmes une seconde fois le même monosyllabe aussi clair qu'auparavant :

« Non! »

C'était la voix de ma sœur. Je me levai précipitamment.

— Catherine, m'écriai-je, où êtes-vous ?

On ne me répondit pas. Je cherchai dans le belvédère et sur la plate-forme ; ce fut en vain. Votre frère resta immobile. Je retournai vers lui et repris ma place à son côté. Ma surprise était aussi grande que la sienne.

— Eh bien, me dit-il, qu'en pensez-vous ? c'est la même voix que j'ai déjà entendue ; vous voilà certain que mes oreilles étaient fidèles.

— Oui, répondis-je, ce n'est point une illusion.

Nous gardâmes tous les deux le plus profond silence. Le souvenir de l'heure avancée et de la longueur de notre absence se présenta cependant à mon esprit, et je proposai de revenir à la maison. Nous nous levâmes dans cette intention. En arrivant sur la plate-forme, ayant fait un retour sur moi-même, je dis assez haut, mais sans m'adresser particulièrement à votre frère :

— Ma résolution est prise. Je n'ai plus l'espérance d'engager mes amis à me suivre; ils peuvent dormir paisiblement sur les bords de la Schuylkill; mais, pour moi, je partirai par le prochain navire; je veux la revoir et lui demander raison de son silence.

J'avais à peine terminé cette phrase, que la même voix mystérieuse répondit :

« La mort a fermé ses lèvres; son silence est le silence de la tombe. »

Imaginez l'effet de ces paroles sur moi; je tressaillis d'épouvante en les entendant. Mais aussitôt, revenant de ma première surprise, je m'écriai :

— Qui est-ce qui parle? Comment avez-vous appris cette nouvelle?

Je n'attendis pas longtemps une réponse :

« Qu'importe ? sachez-le bien ; elle n'est plus. »

Vous devez être étonnée que je n'aie pas suspendu mes questions, dans les circonstances qui accompagnaient les réponses, et vu le mystère qui environnait mon interlocuteur. Je demandai quand et où elle était morte ? quelle était la cause de sa mort ? si cette mort était bien certaine ?

On ne répondit qu'à la dernière demande ; la même voix murmura : « Oui ! » mais ce fut de très-loin, et toutes les questions que j'adressai ensuite n'obtinrent que le plus profond silence.

C'était la voix de ma sœur ; mais les sons ne pouvaient être articulés par Catherine ; et cependant, s'ils ne venaient pas d'elle, de qui venaient-ils ? Lorsque nous fûmes arrivés ici et que nous vous découvrîmes toutes deux, le doute qui nous avait assaillis un moment s'évanouit; il était manifeste que les réponses ne venaient pas de ma sœur. De qui pouvaient-elles venir? Les circonstances qui les accompagnaient sont-elles une preuve de la vérité des nouvelles?

Après avoir parlé ainsi, Pleyel retomba dans une profonde stupeur et me laissa réfléchir à mon gré sur cet événement inexplicable. Je ne crains pas les fantômes; les histoires de revenants et de sorciers n'ont jamais exercé sur moi cet empire qui leur donne de l'intérêt; je n'y ai jamais vu que de l'ignorance ou de la folie, et suis toujours restée étrangère même à cette terreur qu'on dit agréable. Mais l'aventure de Pleyel était bien différente de tout ce que j'avais entendu jusqu'alors; il y avait là des preuves irrécusables de la présence d'un être invisible et de son intervention dans les affaires des hommes.

Il n'est guère possible de nier l'existence d'êtres surhumains dont la nature s'élève bien au-dessus de la nôtre. Cette voix était-elle une émanation du monde qu'ils habitent? Une semblable croyance ne pouvait entrer aisément dans mon esprit; mais j'éprouvais une émotion pleine de solennité. Elle ne m'abandonna pas lorsque je quittai Pleyel et me retirai dans ma chambre. L'impulsion qu'avaient reçue mes pensées chassa le sommeil. Je ne pus fermer les yeux pendant toute la nuit et m'abandonnai à une longue rêverie. J'admettais l'intervention d'une puissance mystérieuse; mais rien ne pouvait me faire supposer que l'être invisible eût de mauvais desseins. Au contraire, l'idée d'un pouvoir supérieur s'alliait dans ma pensée avec l'idée d'une souveraine bienveillance. Wieland avait été détourné par cette voix de monter sur la montagne. Il avait été averti qu'un danger l'attendait, et son obéissance l'avait peut-être sauvé d'un destin semblable à celui de mon père. Pleyel avait été arraché, par la même voix, aux tourments de l'incertitude, et préservé des hasards et des fatigues d'un voyage inutile. Elle lui avait appris la mort de Thérèse.

Cette femme était donc morte! La confirmation de cette nouvelle ne pouvait pas se faire attendre longtemps. Cette confirmation était-elle à craindre ou à désirer? Par la mort de Thérèse, les liens qui attachaient notre ami à l'Europe étaient brisés. Dorénavant tous les motifs se réunissaient pour le faire demeurer dans son pays natal, et nous échappions ainsi aux regrets d'une absence indéfinie. Le messager invisible était par conséquent un être propice. Il eût été peut-être plus favorable encore, si, avec la nouvelle, il eût donné la preuve de cette mort. Mais il fut notre providence en retardant le voyage de Pleyel, et ne se montra sans doute pas contraire à notre ami, car si l'objet d'un ancien amour était anéanti, il y avait peut-être sur les bords de la Schuylkill une personne qui pouvait et voulait le consoler de cette perte lointaine.

Vingt jours après cet événement, un autre vaisseau arriva dans le même port. Dans cet intervalle, Pleyel s'éloigna de sa société accoutumée. Il était devenu la proie d'un chagrin solitaire. Ses promenades se bornaient au rivage de la Delawarre. Ce rivage est artificiel. D'un côté marche lentement le fleuve au milieu des joncs et des roseaux; de l'autre, des marais humides s'étendent à perte de vue dans la plaine. Il est impossible d'imaginer une scène plus désolante pour les amants enthousiastes de la nature. Les bords en sont couverts de plantes aquatiques qui laissent à peine entrevoir leurs teintes primitives sous la vase qui les recouvre. Les champs aux alentours sont impraticables pendant la plus grande partie de l'année. Lorsqu'il est possible de les parcourir à pied sec, les fossés qui les environnent et les séparent les uns des autres sont remplis d'une eau stagnante et verdâtre qui laisse échapper des exhalaisons malfaisantes. La santé n'est pas moins étrangère que le plaisir à ces campagnes désolées. Le printemps et l'automne y apportent des fièvres contagieuses.

Les sites qui environnent Mettingen ont un caractère absolument opposé. La Schuylkill est, dans cette vallée, une rivière limpide qui murmure à demi-voix dans son lit sablonneux, et se brise sur les rochers avec une harmonie un peu sauvage qu'on ne se lasse pas d'entendre. Les eaux transparentes réfléchissent des bords charmants qui ondulent sous toutes les formes. Ce sont tantôt des vallées qui viennent, par une pente insensible, expirer auprès des flots; tantôt des massifs de marbre

7

blanc, irréguliers, revêtus de gazon et de mousse comme d'un manteau, et couronnés par des bouquets de cèdres ou d'arbres fruitiers qui, dans la saison où ils fleurissent, exhalent les plus douces odeurs. Ces beautés naturelles étaient rehaussées par les savantes combinaisons de mon frère. Il avait embelli ce paysage en y groupant avec art toutes les richesses végétales depuis le chêne aux bras gigantesques jusqu'aux lianes grimpantes du chèvrefeuille.

Pour enlever Pleyel à l'air malsain de la maison qu'il habitait, nous lui avions proposé de passer le printemps avec nous. Il y avait consenti d'abord; mais sa dernière aventure le fit changer de résolution. Il fallut, pour le voir, aller le chercher dans sa retraite. Sa gaieté s'était évanouie; il ne songeait plus qu'aux moyens d'avoir de promptes nouvelles d'Allemagne. J'ai parlé d'un vaisseau arrivé des bords de l'Elbe. Pleyel aperçut au loin le pavillon germanique. Il monta aussitôt à cheval et se rendit vers le port. Il n'y avait pas de lettres pour lui ; mais au moment où il allait reprendre le chemin de sa maison, il découvrit parmi les passagers une personne qu'il avait connue à Leipsick. Le voyageur mit fin à toutes les incertitudes de notre ami au sujet de Thérèse, en racontant les circonstances de sa mort et de ses funérailles.

Ainsi fut confirmé l'avis donné par la voix nocturne. Pleyel, délivré de ses doutes, ne tarda pas à chercher des consolations autour de lui. Il revint à Mettingen, et nous le reçûmes avec bonheur. Sa vivacité n'était plus aussi marquée. Il fut, pour cette raison même, un compagnon plus agréable que jamais, car sa tristesse ne le rendait ni morose ni taciturne.

Ces événements occupèrent d'abord toutes nos pensées. Ils firent naître en moi des sentiments de joie et de chagrin mélangés. Mon frère en reçut une impression bien différente. La plupart de ses méditations n'eurent pas d'autre objet. C'est à la même influence qu'on doit, sans doute, attribuer le travail qu'il entreprit alors sur le *démon de Socrate.*

Wieland avait une profonde connaissance de l'antiquité grecque et romaine. On aurait sans doute accueilli avec faveur ses conjectures originales sur l'esprit familier du philosophe athénien; mais, hélas! les rêves de gloire se sont dissipés comme les rêves de bonheur.

## VI

L'instant approche où je vais parler d'un homme dont le nom seul réveille en moi les plus douloureuses sensations. C'est avec un effroi indicible que j'aborderai la description e ce nouveau personnage. Ah ! je commence à sentir la difficulté de la tâche que j'ai entreprise ; mais il y aurait trop de faiblesse à l'abandonner. Mon sang se glace dans mes veines, et mes doigts sont paralysés quand j'évoque cette image. Honte à mon cœur débile ! Jusqu'à présent j'ai marché d'un pas ferme. Il faut que je m'arrête. Je ne pense pas que d'horribles souvenirs puissent anéantir mon courage et déjouer mes projets. Mais cette faiblesse ne peut être surmontée à l'instant. Je pose ma plume. . . . . . . . . . . . . .

. . . . . J'ai fait quelques tours dans ma chambre, et je me sens assez de calme pour continuer. N'ai-je pas entrepris une tâche au-dessus de mes forces? Si déjà, sur le seuil, mes genoux fléchissent, comment pourrai-je me soutenir dans ce mystérieux labyrinthe ? Cette perspective m'épouvante. Cependant mon irrésolution n'est que momentanée. Je n'ai pas commencé mon histoire avant d'avoir bien réfléchi, et désormais il faut qu'elle s'achève.

O toi, le plus fatal, le plus puissant des hommes, quels termes emploierai-je pour te décrire? quels mots pourront dessiner ta figure? Comment raconter ce qui a rendu tes desseins impénétrables? Mais je ne veux pas anticiper sur l'avenir. Que mon esprit s'apaise, si cela est possible. Il faut que je contienne ma colère qui déborde et m'ôterait la puissance de m'exprimer. Il faut que je conjure les angoisses que ton nom réveille. Eh bien, oui. Je te regarderai encore une fois comme un être inoffensif. J'oublierai les malheurs dont tu as été la cause, et ne me souviendrai que de ton entrée sur la scène.

J'étais assise devant la porte de ma maison, pendant une après-midi du mois de juin, lorsque je remarquai une personne qui marchait le long de la rivière. Son pas était nonchalant, et n'avait rien de cette aisance qui distingue les gens bien élevés des paysans. Sa démarche était lourde, tout son corps avait quelque chose de disproportionné. Des épaules larges et carrées, une tête énorme penchée en avant et un buste d'une seule venue, posé sur des jambes longues et frêles, formaient un ensemble bizarre. Ses vêtements étaient en harmonie parfaite avec sa figure. Ils consistaient en un grand chapeau rabattu, maltraité par le temps, en un habit de drap gris et épais, des bas de laine bleus, et enfin des souliers retenus par des courroies et décolorés par la poussière que la brosse n'avait jamais troublée.

Il n'y avait rien d'extraordinaire dans ce personnage. On pouvait en rencontrer souvent de semblables sur la route ou dans les champs. Je ne puis dire pourquoi je regardai avec moins d'indifférence celui qui se présentait à mes regards, si ce n'est parce qu'on voyait rarement de tels passagers ailleurs que sur la route ou dans les champs. Cette plaine n'était guère fréquentée que par des gens qui goûtaient les plaisirs de la promenade et cherchaient d'agréables paysages.

Il passa lentement, et s'arrêta à plusieurs reprises, comme pour examiner la contrée avec plus d'attention, mais sans se tourner vers moi de manière à me permettre de voir son visage. Il entra ensuite dans un taillis à quelque distance, et disparut. Mes regards le suivirent tant qu'il fut visible. Si son image occupa ensuite ma pensée, ce fut parce qu'aucun autre objet ne se présenta pour l'en chasser. Je demeurai à la même place pendant une demi-heure, gardant l'impression que je venais de recevoir et me laissant aller à des conjectures fantasques sur les habitudes et les pensées du promeneur.

Toute préoccupée de mes réflexions, je retournai à la cuisine pour terminer quelque ouvrage. Je n'avais alors avec moi qu'une domestique, jeune fille de mon âge. J'étais occupée près de la cheminée, et Judith se trouvait auprès de la porte de l'appartement, lorsque quelqu'un frappa. Elle ouvrit la porte aussitôt, et on lui parla ainsi :

— Dis-moi, bonne petite, peux-tu donner une tasse de lait à un pauvre homme qui a soif ?

Elle répondit qu'il n'y avait pas de lait dans la maison.

— Oui dà !... il y en a sans doute dans la laiterie ? Tu sais comme moi, bien qu'Hermès ne t'ait rien appris, que si toutes les laiteries sont des maisons, toutes les maisons ne sont pas des laiteries.

Judith ne comprit pas ce que l'étranger voulait dire, mais elle s'excusa de nouveau en répétant qu'elle n'avait point de lait à donner.

— Eh bien, alors, repartit l'étranger, au nom de la sainte charité, apporte-moi un verre d'eau fraîche.

La jeune fille dit qu'elle allait courir à la fontaine pour en puiser.

— Non, donne-moi le verre, et j'irai puiser moi-même. Il ne me manque ni bras ni jambes, et certes je serais digne d'être dévoré par les vautours sur la montagne, si je laissais mouiller tes petits pieds.

Elle lui donna le verre, et il s'achemina vers la fontaine. J'écoutai ce dialogue en silence. Les paroles prononcées par la personne qui était en dehors me frappèrent comme quelque chose d'étrange. Mais ce qui les rendit plus remarquables, ce fut le ton qui les accompagnait. Il était absolument nouveau pour mon oreille. La voix de mon frère et celle de Henri étaient musicales et énergiques. J'avais imaginé, dans mon enthousiasme, qu'en cela ils ne pouvaient être surpassés par personne. A cet instant, je compris mon erreur. Je ne prétends pas communiquer l'impression que firent sur moi les paroles de l'étranger, ni même peindre la force et la douceur qui y régnaient ensemble. Ces paroles étaient prononcées avec une clarté sans exemple dans mon souvenir. Cette voix souveraine possédait en outre une espèce particulière de vibration, qui la faisait pénétrer plus avant au fond de l'âme. Elle produisit sur moi un effet extraordinaire et inexplicable. Lorsqu'elle articula « au nom de la sainte charité ! » je laissai tomber le linge que je tenais à la main ; mon cœur déborda de sympathie, et mes yeux furent mouillés de pleurs.

Ce récit vous semblera incroyable ou puéril; mais l'importance de tous ces détails sera bien prouvée dans la suite.

On doit supposer que j'étais inquiète de connaître la personne qui venait de parler. Après un moment d'attente, j'allai vers la porte, et jetai un regard vers la fontaine. Jugez de ma surprise, lorsque j'aperçus la même figure que j'avais suivie des yeux sur les bords de la rivière. Mon imagination s'était créé un fantôme bien différent de la réalité. Quelque étrange que cela puisse paraître, je ne pus d'abord me résigner à ce désappointement. Au lieu de retourner à mes affaires, je m'assis sur une chaise qui était placée vis-à-vis de la porte, et je tombai dans un accès de rêverie.

Mon attention fut éveillée au bout de quelques minutes par le retour de l'étranger. Je n'avais pas prévu cette circonstance; car j'aurais sans doute choisi un siége différent.

Aussitôt que cet homme se présenta, le verre vide à la main, un sentiment confus de l'oubli de moi-même ou j'étais tombée, joint à la soudaineté d'une entrevue à laquelle je n'étais pas préparée, me causa l'embarras le plus pénible. L'étranger, de son côté, parut d'abord avec un air serein, mais il n'eut pas plutôt levé les yeux sur moi, que son visage trahit une confusion aussi grande que la mienne. Il plaça le verre sur le banc, balbutia quelques remercîments, et s'éloigna.

Il se passa quelque temps avant que je pusse recouvrer ma tranquillité habituelle. J'avais entrevu le visage de l'étranger. L'impression qu'il produisit sur moi fut profonde et indélébile. Ses joues étaient pâles et creuses, ses yeux caves; des cheveux en désordre ombrageaient son front; ses dents étaient larges et irrégulières, mais éclatantes de blancheur; une dartre sèche couvrait son menton; sa peau était rude et blafarde. Ses traits étaient loin d'avoir une beauté régulière, et le contour de son visage avait la forme d'un cône renversé. Il faut néanmoins reconnaître qu'on lisait aisément un esprit supérieur sur ce front large et élevé quoique les cheveux le couvrissent, dans ces yeux noirs et brillants, qui possédaient au milieu de leur égarement un éclat ineffable, et enfin dans tous ses traits qu'il serait trop long de décrire. Je regarde cette rencontre comme un des événements les plus extraordinaires de ma vie, dans les effets qui en ont été la suite immédiate. Ce visage, que j'avais à peine entrevu, occupa ma pensée durant des heures entières à l'exclusion de tout autre objet. Je m'étais proposé de passer la soirée chez mon frère; mais je ne pus résister à la tentation de faire un croquis de l'étranger. Soit que ma main eût été conduite par une inspiration particulière, soit que j'eusse de l'indulgence pour mon œuvre, ce portrait, quoique exécuté à la hâte, me sembla d'une ressemblance frappante. Je le plaçai à toutes les distances, mes yeux ne le quittèrent pas. Je passai presque toute la nuit à contempler mon dessin sans pouvoir fermer l'œil, tant l'esprit de l'homme est à la fois flexible et obstiné, obéissant à de passagères impulsions, et suivant néanmoins avec persévérance la direction qu'elles lui donnent. Que je prévoyais peu la chaîne de malheurs dont cet événement peut être regardé comme le premier anneau !

Le jour suivant fut sombre et orageux. La pluie tomba par torrent pendant toute la journée, et fut accompagnée par le bruit incessant du tonnerre, que l'écho renvoyait avec fracas. L'inclémence de l'air ne m'aurait pas permis de sortir. Je n'étais pas, d'ailleurs, disposée à quitter mon appartement. Je laissai de côté mes occupations habituelles, et, m'asseyant à la fenêtre, je passai le jour à contempler tantôt l'orage, tantôt le portrait qui était placé sur une table devant moi. Vous trouverez peut-être cette conduite bizarre, et l'attribuerez à quelque singularité de caractère. Je ne suis pas exempte de faiblesses, et ne puis expliquer ma dévotion pour cette image, si ce n'est en supposant qu'elle avait de rares et prodigieuses propriétés. Vous soupçonnerez peut-être aussi que c'étaient là les avant-coureurs d'une passion naturelle à toutes les femmes, et qui marche, marche, sans qu'on s'en aperçoive, par les sentiers les plus obscurs. Je ne veux pas détruire vos doutes, et vous laisse toute liberté de tirer de mon récit les conclusions qui vous sembleront préférables.

Cependant la nuit revint et l'orage cessa. L'air devint calme et pur. Je passai les heures de la nuit, comme j'avais passé le jour, à rêver à la fenêtre. Pourquoi mon âme était-elle absorbée dans cette méditation de mauvais présage ? Pourquoi mon cœur était-il triste ? La tempête qui avait eu lieu était-elle donc un signal des malheurs dont j'étais menacée ? Je revenais avec amour sur le souvenir de mon frère et de ses enfants ; mais c'était pour retomber dans ma rêverie. Le sourire des enfants me semblait aussi doux que la veille. La même dignité régnait sur le front de leur père, et pourtant je ne songeais à eux qu'avec angoisse. Quelque chose me disait que le bonheur dont nous jouissions était assis sur des bases fragiles. La mort pouvait nous frapper. Il n'était donné à personne de savoir si notre félicité serait bientôt anéantie, ou si nous porterions nos têtes chargées d'ans et d'honneur. Ces idées me préoccupaient rarement ; j'évitais de réfléchir sur la destinée qui attend tous les hommes. Mais, dans le cours de cette nuit, la vie humaine m'apparut dépouillée du prestige qui en dissimule parfois les misères ; elle m'apparut avec toutes ses incertitudes. Je me dis alors : Il faut mourir ! Tôt ou tard, nous disparaîtrons pour jamais de la surface de la terre. Quels que soient les liens qui nous attachent à la vie, ils seront brisés. Cette existence passagère est douloureuse pour la plupart, et ceux même que la fortune a pris sous ses ailes doivent bien peu se réjouir, puisqu'ils savent comment tout finit.

Pendant quelques heures, je m'abandonnai sans réserve au cours de mes pensées. A la fin, l'abattement qu'elles produisirent en moi devint insupportable. J'essayai de le dissiper au moyen de la musique ; mes efforts furent vains. Ma voix semblait épuisée, et le clavecin fut rebelle. Je cherchai un refuge dans le sommeil ; le sommeil ne vint pas. Mon esprit était plein de fantômes et de visions confuses dont rien ne put le délivrer. Dans cette situation, j'entendis l'horloge de ma chambre sonner minuit. C'était la même horloge qui était suspendue dans la chambre de mon père; elle m'était échue dans le partage de la succession, et avait été placée dans mon appartement. Le bruit du timbre m'inspira une suite de réflexions douloureuses sur la mort de mon père. Mais je ne pus les continuer longtemps, car la vibration avait à peine cessé, que j'entendis un chuchotement qui d'abord sembla partir de lèvres placées à côté de mon oreille.

Il n'est pas étonnant qu'une telle circonstance me fît tressaillir. Dans le premier mouvement de ma terreur, je poussai un cri aigu et me jetai sur le côté opposé de mon lit. Bientôt, néanmoins, je revins de mon épouvante. J'étais insensible, en général, à toutes les causes de frayeur qui affectent le vulgaire. Je n'appréhendais ni les voleurs ni les revenants; notre sécurité n'avait été troublée ni par les uns ni par les autres, et je ne prenais aucun moyen pour prévenir ou déjouer leurs machinations. Le chuchotement venait, sans aucun doute, d'une personne postée auprès de moi. La première idée qui me frappa fut que c'était la jeune fille qui me servait. Peut-être quelque chose l'avait alarmée, ou bien elle était malade et venait demander mon assistance. En parlant bas à mon oreille, elle pouvait avoir l'intention de m'éveiller sans me causer de frayeur.

Dans cette persuasion, je pris la parole :

— Judith, est-ce vous ? qu'y a-t-il ? qu'avez-vous ?

Je ne reçus point de réponse. Je réitérai mes questions, mais ce fut encore en vain. L'obscurité de l'appartement, augmentée par le rideau qui entourait mon lit, m'empêchait de voir autour de moi. Je tirai le rideau, et, posant la tête sur mon coude, je prêtai une oreille attentive au moindre bruit qui s'élèverait. En même temps, je cherchai à rassembler mes souvenirs, et à scruter l'une après l'autre les moindres circonstances dont je pourrais tirer parti dans mes conjectures.

Mon habitation était un édifice de bois qui consistait en deux étages. A chaque étage, il y avait deux chambres séparées par un couloir ou vestibule, sur lequel s'ouvraient, en face l'une de l'autre, deux portes qui établissaient ainsi une communication entre le vestibule et les appartements. Le couloir de l'étage inférieur avait une porte à chaque bout et un escalier. Des fenêtres répondaient à ces portes à l'étage supérieur. Outre le corps de logis principal, il y avait deux ailes de bâtiments adjacents ; elles étaient situées à l'orient, et divisées de même en deux étages. L'une de ces ailes comprenait une cuisine, avec une chambre au-dessus pour la domestique, et communiquait avec la maison de plain-pied aux deux étages; c'est-à-dire en bas avec le salon, et en haut avec une chambre réservée. L'aile opposée était de moindres dimensions. Les chambres n'avaient que huit pieds carrés. La chambre inférieure avait été destinée à servir de dépôt, et j'avais fait de la chambre supérieure un cabinet pour déposer mes livres et mes papiers. L'une et l'autre n'avaient qu'une entrée chacune par la chambre voisine. Il n'y avait pas de fenêtre dans celle d'en bas, et celle d'en haut ne recevait de jour que par une petite ouverture qui donnait passage à l'air et à la lumière, mais n'aurait pas laissé entrer un corps tant soit peu volumineux. La porte qui y conduisait était placée à la tête de mon lit, et restait toujours fermée à clef, si ce n'est lorsque j'y entrais pour mes recherches. Les portes de la maison étaient ordinairement fermées et verrouillées le soir.

Je n'avais pas d'autre compagnon que la jeune fille, et elle ne pouvait arriver dans ma chambre qu'en passant d'abord à travers la chambre opposée et le couloir. Si elle eût été la cause de ce bruit, elle aurait répondu à mes questions répétées. Il fallait donc, tout bien examiné, me résoudre à croire que j'avais attribué à une voix humaine quelque bruit fugitif et accidentel, et que j'avais été dupe d'une illusion passagère. Satisfaite d'une semblable explication, je me préparais à quitter mon attitude, lorsque mon oreille fut saluée par un nouveau chuchotement un peu plus fort. Comme auparavant, il me sembla partir de lèvres qui touchaient presque mon oreiller. Un second effort d'attention me prouva néanmoins, clairement, que les sons venaient de l'intérieur de la petite chambre voisine dont la porte n'était qu'à huit pouces de mon oreiller.

Cette seconde interruption me fit éprouver une secousse moins violente que la première. Je tressaillis, mais ne donnai pas de signe apparent de frayeur. Je fus assez maîtresse de moi pour écouter ce qu'on disait. La voix était rauque, distincte et conduite de manière à prouver que celui qui parlait voulait être entendu par quelqu'un à ses côtés et en même temps n'être entendu par aucune autre personne.

— Attends! attends! imbécile! Il y a de meilleurs moyens que cela. Tu es donc fou? Il n'y a pas besoin de pistolet.

Telles furent les paroles qui furent prononcées d'un ton d'alarme et de précipitation à une faible distance de mon oreiller. Quelle conclusion pouvais-je en tirer? Mon cœur commença à battre dans la crainte d'un danger inconnu. Mais bientôt une autre voix, aussi rapprochée de mon lit, murmura en réponse:

— Pourquoi pas ? c'est le plus court. Il n'y qu'à lâcher la détente, et le diable m'emporte si je fais davantage.

La première voix répliqua alors avec un ton de rage plus élevé :

— Lâche ! reste tranquille et regarde-moi faire. Je lui serrerai la gorge. Je ferai la besogne en une seconde. Elle n'aura pas le temps de respirer.

Ces paroles me glacèrent d'effroi. Des meurtriers étaient donc cachés dans mon cabinet. Ils discutaient les moyens de me faire mourir. Leur moyen choisi, ils auraient bientôt brisé la porte. La fuite se présenta aussitôt à mon esprit comme le parti le plus sûr dans une telle occurrence. Je ne délibérai pas un instant ; mais la frayeur me prêtant des ailes, je m'élançai hors de mon lit, et, sans me vêtir, me précipitai vers l'escalier que je franchis à la volée. Je ne me souviens pas d'avoir pris les clefs et tiré les verrous. Ma frayeur me donna une impulsion pour ainsi dire machinale. Je ne m'arrêtai qu'en arrivant à la porte de mon frère. J'allais atteindre le seuil lorsque, épuisée par la violence de mes émotions et par la rapidité de ma course, je perdis connaissance.

Je ne sais combien de temps je restai dans cet état. Lorsque je repris mes sens, je me trouvai couchée dans un lit, environnée de ma sœur et de quelques servantes. Je fus d'abord surprise de la scène qui s'offrait à mes yeux. Mais, graduellement, le souvenir de ce qui s'était passé me revint. Je répondis comme je le pouvais aux questions pressantes dont on m'accabla. Mon frère et Pleyel, que l'orage du jour précédent avait retenus par hasard à Mettingen, après s'être informés de toutes les particularités de ma fuite, s'acheminèrent avec des flambeaux et des armes vers mon habitation. Ils entrèrent dans ma chambre et dans mon cabinet, et trouvèrent tout dans l'ordre accoutumé. La porte du cabinet était fermée et semblait n'avoir pas été ouverte pendant mon absence. Ils allèrent ensuite dans la chambre de Judith. La jeune fille était endormie. Ils s'éloignèrent sans bruit afin de ne pas lui causer d'alarmes, et, après avoir bien fermé les portes, ils revinrent à Mettingen.

Mes amis étaient disposés à regarder cette aventure comme un songe ; mais une circonstance étrange contrariait leur explication. Après mon évanouissement je songeai à demander de quelle manière la famille avait été avertie de ma situation. J'étais tombée avant d'atteindre le seuil ou de pouvoir appeler du secours. Mon frère avoua qu'au moment où ce mystère s'accomplissait, il travaillait à quelque œuvre favorite, au milieu du calme de la nuit. Tout à coup le silence, qui était profond, fut interrompu par une voix perçante qui semblait venir du dehors, au-dessous de la fenêtre.

— Levez-vous, levez-vous, disait-elle, hâtez-vous ! Il y a une personne qui se meurt à votre porte.

Cet appel fut efficace. Tout le monde dans la maison l'avait entendu. Pleyel le premier obéit, et mon frère le rencontra en traversant le vestibule. Quel fut l'étonnement général, lorsqu'on me découvrit étendue sur le gazon devant la porte, pâle, inanimée, avec tous les symptômes de la mort !

C'était la troisième fois qu'une voix surnaturelle venait au secours de notre petite famille. Quand je réfléchis sérieusement sur cette intervention, mon âme hésita entre la surprise et une religieuse terreur. Ne m'étais-je point trompée en croyant entendre une conversation dans mon cabinet? Il ne m'était plus permis de mettre en question la réalité d'une voix qui avait forcé mon frère à revenir de la montagne jusque chez lui, qui avait annoncé à Pleyel la mort de la femme qu'il aimait, et qui enfin avait appelé mes amis à mon secours; mais que fallait-il penser du dialogue nocturne? Avais-je bien entendu des voix sinistres comploter ma mort, au milieu des ténèbres et à quelques pas de mon lit?

Cependant, toute la sécurité dont j'avais joui jusqu'alors s'était évanouie. Ma maison, qui avait été un asile inviolable, était ouverte désormais à des gens qui voulaient me perdre. Il ne m'était plus possible d'y demeurer seule. Pleyel, qui avait consenti à résider avec nous jusqu'à la fin du printemps, voulut bien prendre une chambre chez moi, afin de me rassurer. Nous attendîmes ensuite l'avenir avec inquiétude.

## VII

Je ne veux pas énumérer les recherches et les conjectures auxquelles cet événement donna lieu. Malgré tous nos efforts, nous ne réussîmes point à dissiper ce nouveau mystère. Le temps, bien loin d'amener une explication, ne fit qu'augmenter notre incertitude.

Au milieu des souvenirs que réveilla en moi cette aventure, je ne dois pas oublier mon entrevue récente avec l'inconnu. J'en racontai les moindres détails à mes amis, et leur montrai en même temps le portrait. Pleyel se rappela qu'il avait rencontré dans la ville une figure absolument semblable à celle que j'avais dessinée. Mais la tournure et la mise de cet homme n'avaient point produit sur notre ami la même impression que sur moi. Ce fut pour Pleyel une occasion de me railler sur un engouement déraisonnable. Il raconta une foule d'anecdotes plaisantes qu'il avait recueillies dans ses voyages. Il ne se fit pas scrupule de m'accuser d'amour, et alla jusqu'à me menacer d'avertir le voyageur de sa bonne fortune lorsqu'il le rencontrerait.

Le caractère de Pleyel ne lui permettait

pas d'attacher une sérieuse importance à une telle accusation. Ces menaces étaient comme un reflet de son ancienne gaieté, car notre ami revenait depuis quelque temps à ses habitudes franches et enjouées. Quoique sa vivacité fût parfois poussée un peu loin, elle n'était jamais redoutable. J'étais certaine que ma dignité ne souffrirait pas entre les mains de Pleyel, et je ne me fâchai pas sérieusement lorsqu'il parla d'inviter l'étranger à venir nous voir.

Quelques semaines après mon aventure, j'avais passé une journée accablante de chaleur sans sortir de chez moi. Lorsque le soleil baissa, je me sentis disposée à chercher un peu de soulagement dans la promenade. Le bord de la rivière, dans toute l'étendue de mon domaine, est tellement escarpé, qu'il est dangereux de prendre ce chemin pour aller vers la Schuylkill. Sur cette pente rapide, à l'extrémité méridionale de ma petite propriété, se trouvait un léger pavillon avec quelques siéges et des jalousies. Le rocher sur lequel reposait cet édifice aérien laissait jaillir par une fente un courant d'eau limpide qui, bondissant de saillies en saillies pendant plus de soixante pieds, répandait dans l'air une fraîcheur délicieuse, et charmait l'oreille par son gazouillement. Ces avantages appréciables surtout dans la saison des chaleurs, le parfum des cèdres qui abritaient le pavillon sous leurs vastes rameaux, et du chèvrefeuille qui grimpait dans le treillis, faisaient de ce lieu solitaire ma retraite habituelle pendant l'été.

Ce jour-là, je m'y acheminai lentement. Mon esprit était abattu, et, pour ainsi dire, fatigué de réfléchir. Je m'étendis sur un banc dans un état de nonchalance absolue de corps et d'âme. Le bruit assoupissant de la cascade, l'air embaumé et l'approche du soir ne tardèrent pas à calmer l'agitation de mes sens, et je fus bientôt endormie. La gêne de ma posture, ou une mauvaise disposition d'esprit, remplit mon sommeil de rêves pénibles. Plusieurs idées incohérentes fatiguèrent d'abord ma tête appesantie; puis il me sembla que je marchais, à travers le crépuscule, vers la maison de mon frère. Un précipice avait été creusé sur ma route, et je ne le voyais pas. Comme j'allais ainsi négligemment devant moi, je crus voir mon frère placé à quelque distance. Il me faisait des signes, et sa voix me pressait d'accourir. Il se tenait sur le bord opposé du gouffre. J'obéis; un pas encore, et je tombais dans l'abîme, si une personne placée derrière moi n'avait saisi tout à coup mon bras en s'écriant d'une voix précipitée et pleine d'émotion :

— Prenez garde! prenez garde!

Le son de cette voix interrompit mon sommeil. Je fus aussitôt debout, et me trouvai réellement au milieu des plus profondes ténèbres. L'horrible vision que je venais d'avoir me fit douter d'abord si j'étais réellement éveillée, et m'empêcha de comprendre ma véritable position. Cependant mes premières angoisses ne tardèrent pas à se dissiper. Il ne me resta plus que la surprise de me voir seule en plein air, dans une obscurité complète. Je me rappelai peu à peu les incidents de l'après-midi et mon arrivée au pavillon. Je ne pus deviner l'heure qu'il était, mais je compris la nécessité de rentrer chez moi sans perdre de temps. Mon esprit était encore tellement agité, l'ombre si épaisse, que je ne réussis pas du premier coup à trouver mon chemin sur la pente escarpée de la rive. Je m'assis donc pour reprendre mes sens et réfléchir sur ma situation.

J'avais à peine fait un mouvement, qu'une voix se fit entendre derrière la jalousie, du côté où je me trouvais. Il y avait entre le roc et le treillis du pavillon un léger espace qui n'était pas assez large pour recevoir un corps humain, et cependant la personne dont j'entendis la voix semblait y être cachée.

— Écoutez! écoutez! mais n'ayez pas peur.

Je tressaillis et m'écriai : — Juste ciel! qu'est-ce? qui êtes-vous?

— Un ami, qui ne vient pas pour vous faire du mal, mais pour vous sauver.

Je reconnus alors cette voix. Elle appartenait à l'un des hommes que j'avais entendus dans le cabinet. C'était la voix de celui qui avait proposé de me tuer d'un coup de feu plutôt que de m'étrangler. La terreur me rendit à la fois muette et immobile. Il continua :

— Je me suis associé à un autre pour vous assassiner. Eh bien! il ne me reste que du repentir; suivez mon avis, et vous n'aurez rien à craindre. Ne revenez plus dans ce pavillon. La mort y habite. Partout ailleurs le danger est éloigné. Mais si vous tenez à la vie, fuyez cette place où nous sommes... Écoutez-moi encore. Que cet avertissement vous serve, mais n'en parlez à personne. Si une syllabe de ce que je vous ai dit vous échappe, vous êtes perdue. Souvenez-vous de votre père, et soyez prudente.

La voix se tut et me laissa accablée d'épouvante. J'avais la conviction que ma vie était en danger tant que je resterais à cette place, mais je ne pouvais faire un pas sans m'exposer à rouler dans le précipice. Le chemin vers le sommet du rivage était rude et escarpé. L'épaisseur des arbres rendait inutile la clarté des étoiles, et je n'avais pas la moindre lueur pour me guider. Que pouvais-je faire? Il y avait un danger égal et imminent à rester et à partir.

Dans cet état d'incertitude, je vis un rayon de lumière traverser les ténèbres et disparaître ; un autre parut ensuite, mais avec plus d'éclat. Il dura un instant et blanchit les arbrisseaux à l'entrée du pavillon. Les rayons se succédèrent ainsi pendant quelques secondes, jusqu'à ce qu'enfin ils disparurent tout à fait et me laissèrent dans une obscurité complète.

L'apparition de cette lumière réveilla une foule de terreurs dans mon âme. La mort planait sur ce lieu fatal. La voix que je venais d'entendre m'avait conseillé de me retirer et m'avait menacée du sort de mon père si je n'obéissais pas. Je voulais pourtant obéir, mais je n'en avais pas le moyen. Des lueurs semblables avaient précédé le coup mortel qui frappa mon père. L'heure était la même peut-être. A cette pensée, je me sentis pâlir comme si le fer meurtrier eût été suspendu sur ma tête. Mais tout à coup une nouvelle clarté plus forte que les premières jaillit à travers les jalousies, à ma droite, et une voix partie du haut de la colline m'appela par mon nom.

C'était Pleyel. Je reconnus sa voix à l'instant même et avec bonheur. Mais le trouble de mon esprit était si grand, qu'il ne me fut possible de répondre qu'après avoir été appelée plusieurs fois. Je sortis enfin du pavillon, et, dirigée par la lanterne que portait Pleyel, je gravis la colline.

Lorsque j'arrivai auprès de notre ami, j'étais pâle comme la mort et hors d'haleine. Je me soutenais à peine sur mes pieds. Il me demanda avec inquiétude la cause de mon émotion et les motifs de cette longue absence. Il était rentré à une heure avancée de la nuit, et Judith l'avait prévenu que j'étais sortie au coucher du soleil et que je n'étais pas encore de retour. Pleyel avait attendu d'abord, mais comme je ne rentrais pas, il s'était mis à ma recherche. Il avait exploré le voisinage avec le plus grand soin, et, ne trouvant pas la moindre trace qui annonçât ma présence, il se préparait à avertir mon frère de ma disparition, lorsqu'il se rappela le pavillon sur le rivage. Il lui vint aussitôt à l'esprit que je pouvais y avoir été retenue par quelque accident. Après m'avoir donné ces détails, Pleyel renouvela ses questions au sujet de mon retard, et me pria d'expliquer le trouble, l'égarement qui régnait sur ma figure.

Je répondis que, m'étant dirigée à la nuit tombante vers le pavillon, j'y avais été surprise par le sommeil, et que je venais de m'éveiller au moment où j'avais entendu sa voix. Je ne pus lui en dire davantage. Dans la confusion de mes pensées, je ne savais pas clairement si l'abîme et la voix qui m'avait parlé à travers la jalousie n'étaient pas des incidents d'un même rêve. Je me rappelais surtout que cette voix m'avait imposé le silence et m'avait menacée d'une punition terrible, si j'osais divulguer ce que j'avais entendu. Je restai donc muette à cet égard. Je me retirai bientôt dans ma chambre et me laissai aller au cours des réflexions qui vinrent m'assaillir.

Vous regardez sans doute comme une fable ce que je viens de vous raconter. Vous pensez peut-être que mes malheurs ont bouleversé ma raison, et que je vous amuse de chimères créées par mon imagination, au lieu de mettre sous vos yeux des faits d'une évidence incontestable. Je ne suis pas étonnée que vous ayez de semblables soupçons. Je ne sais même pas comment vous pourriez échapper à cette incrédulité, car les événements que je retrace et dont j'ai été le témoin immédiat m'ont paru souvent à moi-même incroyables. Comment mon témoignage leur donnerait-il des droits irrécusables à votre confiance ?

Hélas ! c'est par ce qui est arrivé plus tard que j'ai acquis la certitude pleine et entière de la fidélité de mes sens.

Cependant, que devais-je penser d'abord ? J'étais convaincue de l'existence d'un projet formé contre ma vie. Des scélérats s'étaient ligués ensemble pour m'assassiner ! Qui donc avais-je offensé ? Parmi les personnes avec lesquelles j'étais en relation, s'en trouvait-il une seule capable de concevoir une si atroce pensée ?

Mon caractère n'était ni cruel ni impérieux. Mon cœur éprouvait une profonde sympathie pour les malheureux, et cette sympathie ne se bornait pas à une théorie stérile. Ma bourse, quelque peu garnie qu'elle fût, était toujours ouverte aux pauvres, et mes mains ne se refusaient pas à soulager ceux qui souffrent. J'avais arraché moi-même à l'indigence et à la maladie plus d'une victime ; mais, par un bonheur rare, je n'avais point fait d'ingrat. Aucun visage ne s'assombrissait à mon approche. Jamais lèvres ne m'avaient maudite sur mon passage. Au contraire, tous ceux dont la destinée avait été en mon pouvoir, ou à qui j'étais connue, m'accueillaient avec un sourire et me bénissaient à mon départ. Comment pouvais-je me résoudre à admettre qu'un complot eût été formé contre mes jours ?

Je ne manque pas de courage. J'ai donné quelques preuves de sang-froid et de présence d'esprit au milieu du danger. Il m'est arrivé d'exposer ma vie pour sauver celle d'un autre ; mais, dans cette circonstance, je me laissai aller sans réserve à la terreur. Je n'avais pas vécu de manière à craindre la mort. Néanmoins, ce fut pour moi une affreuse pensée que de sentir d'avance le fer glacial pénétrer dans mon sein, et de mourir frappée par la main invisible d'un assassin. Qu'avais-je donc fait pour devenir ainsi la victime d'une haine inexorable ?

On m'avait affirmé que ma vie était en sûreté partout ailleurs que dans le pavillon. Pourquoi le crime et la vengeance auraient-ils circonscrit la scène où ils devaient agir ? J'étais partout également sans défense. Ma maison et ma chambre étaient accessibles à toute heure. Un danger menaçait encore ma tête. Pourquoi la main des meurtriers était-elle impuissante hors de l'endroit fatal ? N'étais-je pas restée dans ce lieu terrible pendant quatre ou cinq heures, sans le moindre moyen de résistance ? Pourquoi n'y avais-je pas été attaquée ? Pendant ce long séjour, quelqu'un avait été près de moi et avait pour ainsi dire veillé sur mon sommeil. Cette personne m'avait conseillé de fuir ma retraite favorite. La voix mystérieuse n'était pas absolument nouvelle à mon oreille. Ne l'avais-je entendue qu'une seule fois jusqu'alors? Pourquoi m'avait-elle ordonné de cacher cet événement à tout le monde, et quel genre de mort serait la suite de ma désobéissance?

La voix avait parlé de mon père! Elle affirmait que la plus légère indiscrétion me ferait éprouver le même destin! La mort inexplicable qui m'avait rendue orpheline était-elle donc l'œuvre de la main des hommes? Il semblait que l'être invisible fût instruit de la véritable nature de cette catastrophe et des causes qui l'avaient amenée, puisqu'il m'annonçait que le même sort devait tomber sur moi, si je ne gardais le silence. Était-ce donc l'infraction d'une loi semblable qui avait causé la mort de mon père?

Telles furent les pensées qui me préoccupèrent pendant toute la nuit. Il me fut impossible de dormir. Le lendemain à déjeuner, Pleyel m'annonça une rencontre qu'il avait faite la veille, et qu'il ne m'avait point racontée, mon absence imprévue ayant donné un autre cours à ses idées. Il était allé de grand matin à la ville, où l'appelaient ses affaires. En attendant que l'heure propice fût arrivée, il aperçut un homme dont l'extérieur lui sembla rappeler exactement le personnage qui avait fait une si courte apparition devant ma maison, et produit sur moi, par le caractère de son visage et le timbre de sa voix, un effet si durable. Après un examen attentif, notre ami reconnut en cet homme un voyageur avec lequel il avait eu quelques relations en Europe. Cette circonstance lui permit d'aborder l'étranger, et, après un court entretien, il prit sur lui de l'inviter à venir nous voir à Mettingen, se souvenant, ajouta-t-il, de l'intérêt que je portais au fond de mon cœur à l'inconnu. Ce dernier avait accepté l'invitation avec plaisir, et avait même promis une visite pour l'après-midi du jour suivant.

Cette nouvelle me fit éprouver une émotion incontestable. Je devins aussitôt impatiente de connaître les circonstances de la première rencontre de Pleyel avec l'étranger. Quand et où s'étaient-ils vus? Que savait Pleyel de la vie et du caractère de cet homme?

En réponse à mes questions, notre ami me raconta qu'il avait fait, trois ans auparavant, un voyage en Espagne. Dans une de ses excursions autour de Valence, il poussa jusqu'à Murviédro, où des ruines romaines, éparses dans le voisinage du monastère, attestaient encore la magnificence de l'antique reine de l'Ibérie. Comme il traversait l'arène du cirque de la vieille Sagonte, il découvrit l'étranger assis sur une pierre, et fort occupé à lire l'ouvrage du diacre Marti. Un entretien de quelques minutes suffit pour prouver à Pleyel que sa nouvelle connaissance était un voyageur anglais. Ils retournèrent ensemble à Valence. Chemin faisant, notre ami examina avec soin son compagnon de route. C'était bien un fils d'Albion. Mais ses manières, sa tournure, ses vêtements étaient entièrement espagnols. Une résidence de trois ans dans le pays, une étude infatigable du langage, et une soumission constante, minutieuse, aux habitudes méridionales, le rendaient méconnaissable, et on l'aurait pris pour un indigène lorsqu'il voulait emprunter ce caractère. Pleyel le trouva en relations d'estime et d'amitié avec plusieurs des riches marchands de la ville. Il avait embrassé la religion catholique, et au lieu de son nom anglais, Carwin, il portait un nom espagnol. Il s'était aussi adonné à la littérature de sa nouvelle patrie. Il n'avait pas de profession; mais il recevait d'Angleterre plus d'argent qu'il n'en dépensait.

Tant que Pleyel resta à Valence, Carwin ne laissa voir aucune aversion pour sa société, et notre ami trouva beaucoup de charmes à cultiver cette liaison. L'étranger donnait en général, dans leurs causeries, une haute idée de son intelligence et de son caractère. Il avait visité toutes les provinces d'Espagne, et pouvait donner les renseignements les plus exacts sur l'histoire de ce royaume et son état actuel. Mais il était réservé sur tout ce qui touchait à la religion, et n'ouvrait pas la bouche sur les événements de sa vie antérieurs à sa métamorphose en Espagnol. On pouvait conclure seulement de ses paroles qu'il était Anglais et connaissait à merveille les peuples du continent.

Le caractère de Carwin offrait un admirable sujet d'étude à l'observateur. Il n'était pas aisé de concilier sa conversion à la foi catholique avec certaines de ses opinions pratiques et la tournure générale de son esprit. Il semblait même quelquefois que cette nouvelle croyance ne fût que simulée dans un intérêt politique. Les plus habiles investigations n'amenaient pas néanmoins à la découverte des véritables motifs de sa conduite. Ses mœurs étaient à la fois pures et sincères. Il avait les habitudes d'un homme qui aime la méditation et la retraite. Pleyel parut lui avoir inspiré une grande affection, et ne pouvait se défendre d'une certaine partialité à l'égard de cet étrange personnage.

Après une résidence d'un mois, notre ami retourna en France. Il n'avait pas eu de nouvelles de Carwin jusqu'à l'apparition de ce dernier à Mettingen.

Lorsqu'ils se rencontrèrent en Amérique, ainsi que je l'ai raconté, Carwin reçut les avances de Pleyel avec une froideur, une dignité que celui-ci ne lui avait pas connue dans le temps. Il éluda avec beaucoup d'adresse les questions du jeune Américain sur son départ de Valence, où il avait cependant manifesté l'intention de passer le reste de ses jours. Il s'étudia évidemment à tourner l'attention de notre ami vers des questions générales qu'il traitait avec autant de raison et d'éloquence que jamais. Pourquoi avait-il pris l'habit d'un paysan? Il n'était pas impossible que la pauvreté lui eût imposé une semblable détermination. Il pouvait aussi avoir d'autres motifs que ses intérêts lui ordonnaient de cacher, et qui se rapportaient à des affaires de la plus haute importance.

Telles furent les explications que me donna Pleyel. Je me trouvai heureusement seule pendant la plus grande partie de la journée. J'avais toujours aimé à être libre de promener ma pensée à mon aise, et je repoussais habituellement toute occupation qui devait exclure la rêverie et asservir mon esprit. J'avais ce jour-là un nouveau sujet de méditation. Avant la fin de la journée, j'allais donc être encore une fois en *sa* présence, j'allais entendre les sons magiques de cette voix surhumaine. Mais quelle impression produirait sur moi cette entrevue?

Carwin était attaché à la religion catholique. Il était cependant Anglais de naissance, et peut-être protestant par son éducation. Il avait adopté l'Espagne pour patrie. Il n'avait point caché son intention d'y vivre le reste de ses jours. Comment était-il aujourd'hui habitant du district et couvert des habits d'un paysan? Quelles raisons avaient pu lui faire oublier les leçons de sa jeunesse et lui faire abjurer sa religion, sa patrie? Quels événements avaient ensuite jeté le désordre dans sa vie nouvelle et renversé tous ses projets? En quittant l'Espagne, était-il revenu à la religion de ses ancêtres, ou bien sa conversion était-elle mensongère? Sa conduite était-elle dictée par des motifs d'une telle nature, qu'il ne pût les dévoiler à personne?

Les heures s'écoulèrent pendant que je donnais un libre cours à mes pensées. Peu à peu la préoccupation de mon esprit devint moins intense, et, abandonnant mes conjectures, je fis un retour sur moi-même. Depuis la mort de mes parents jusqu'au commencement de cette année, ma vie avait été sereine et heureuse, comparativement surtout à l'existence agitée de la foule. Mais, à cette heure, mon âme commençait à être dévorée par l'inquiétude. Je sentais s'élever en moi une crainte invincible de dangers inconnus, et je n'entrevoyais dans l'avenir que des orages. Je cherchais à me rendre compte de l'état singulier dans lequel je me trouvais ; mais je comparais vainement l'effet à la cause : ils ne semblaient pas proportionnés l'un à l'autre. Quoi qu'il en soit, je me vis entraînée à l'improviste et d'une manière inexplicable de mon asile calme et sûr dans une mer de troubles et d'orages.

Cependant je résolus de rendre visite à mon frère pendant la soirée. Il y eut bien un instant d'hésitation et d'incertitude dans ma pensée à cet égard : Pleyel affectait de me croire un penchant décidé pour l'étranger. Je savais à quoi m'en tenir là-dessus ; mais la crainte seule d'être soupçonnée d'une semblable faiblesse par un ami pouvait répandre sur mon visage l'embarras, la rougeur qu'on attribue ordinairement à l'expression involontaire d'un sentiment caché. Cette émotion confirmerait Pleyel dans son erreur et m'attirerait de nouvelles railleries. Il était implacable sur ce sujet, et ne manquerait pas une si belle occasion. S'il eût compris l'influence que ces innocentes plaisanteries avaient sur mon bonheur, il n'aurait pas insisté longtemps. Mais je mettais le plus grand soin à tenir secrète cette influence. La véritable cause de mon dépit était de voir que notre compagnon bien-aimé, dans la pensée que j'avais donné mon cœur à un autre, se bornât à trouver dans cette circonstance un texte à de frivoles railleries. Quoi qu'il en soit, Pleyel ne devait pas connaître ce grief; il y allait de mon repos; je sentais qu'en livrant les regrets de mon cœur, je n'aurais fait qu'aggraver mes peines, au lieu de les soulager.

## VIII

Aussitôt que le soir fut venu, je me rendis chez mon frère. Carwin était l'une des personnes qui se trouvaient dans le salon quand j'y entrai. Il avait la même tournure que lors de notre première rencontre; sa mise était négligée et rustique. Je fixai mes yeux sur lui avec une curiosité insurmontable. Heureusement la place que j'occupais me permit d'observer cette figure expressive avec toute l'attention possible, sans attirer moi-même ses regards. Étudié ainsi plus longuement, Carwin ne perdit rien de l'empire singulier qu'il avait d'abord exercé sur mon esprit. Je ne pus m'empêcher de rendre hommage à l'intelligence suprême qui éclatait dans ses yeux, dans ses gestes et sur son visage. Cependant je demeurai dans une incertitude absolue sur la valeur morale de cet homme étrange, qui devait être maudit ou adoré, selon l'emploi qu'il faisait de sa puissance, en la mettant au service du génie du mal, ou en l'appliquant au bien.

Carwin était sobre de paroles, mais tout ce qu'il disait était rempli de sens et d'énergie. Il s'exprimait d'ailleurs avec une netteté de prononciation et une science de la voix dont je n'avais aucune idée avant de le connaître. En dépit de la grossièreté de ses vêtements, ses manières étaient distinguées. Quelque sujet qu'il abordât, il montrait en le développant une érudition sans bornes, dégagée de tout pédantisme, de toute affectation. Il ne laissait pas échapper un mot capable de produire une impression fâcheuse; au contraire, ses moindres pensées dénotaient un esprit accessible aux passions héroïques. Il donnait modestement son avis après les autres, et c'était toujours avec une chaleur qui en attestait la sincérité.

Ce fut à une heure avancée qu'il nous quitta; mais il refusa l'invitation que mon frère lui fit à plusieurs reprises de passer la nuit à Mettingen. Il consentit seulement à promettre une nouvelle visite. En effet, il revint souvent nous voir. De jour en jour, nous devînmes plus familiers avec ses opinions, ses sentiments : mais nous restâmes dans la plus profonde ignorance sur tout ce que nous aurions voulu savoir au delà, quoique tous nos efforts fussent précisément dirigés en vue d'éclaircir ce mystère. L'étranger évita les allusions à sa vie passée et à sa vie présente : il nous cacha même le lieu de sa demeure, à la ville.

Nos relations avec le monde étaient resserrées dans de si étroites limites, et les qualités intellectuelles de Carwin étaient si éminentes, que ses manières, sa conduite, ses habitudes furent de notre part l'objet d'observations et de commentaires plus fréquents, plus étendus que les circonstances ne semblaient l'exiger. Il ne faisait pas un geste, ne lançait pas un regard, ne disait pas un mot qui ne fût discuté et approfondi dans nos assemblées de famille, et qui ne donnât lieu à mille interprétations. On doit comprendre que cet homme observait sa conduite avec un art infini, puisque, malgré l'adresse, l'à-propos, l'apparente indifférence de nos questions, malgré notre habileté d'analyse, nous ne réussîmes pas, au bout du compte, à nous former une opinion satisfaisante sur ce que nous désirions savoir. Il ne nous donna pas le moindre élément de conjectures plausibles, et déjoua sans effort toute notre diplomatie.

Je dois dire, pour excuser notre curiosité, qu'il existe entre les gens qui vivent habituellement ensemble dans la solitude une certaine communion de pensées qui justifie l'oubli ou la négligence de certaines règles de la politesse du monde. Des questions sur les affaires de nos amis sont d'ailleurs permises lorsqu'elles sont dictées par notre sollicitude ou par une curiosité désintéressée. Non-seulement c'est un sentiment excusable, mais encore nous devons l'attendre de ceux que nous avons choisis pour nos compagnons de route dans ce voyage pénible de la vie. Un jour vient où l'on est autorisé à compter sur leur confiance, et où ils s'abandonnent d'eux-mêmes dans l'intimité d'un affectueux entretien; mais ce jour fut retardé dans nos rapports avec Carwin par la gravité et la réserve de ce mystérieux voyageur.

Pleyel, cependant, ne devait pas trouver l'obstacle bien difficile à vaincre. Il commença bientôt à employer des batteries découvertes pour arriver à son but. Il fit allusion de temps à autre aux circonstances de leur première entrevue, et prouva l'incompatibilité de la religion et des mœurs de l'Espagne avec la religion et les mœurs d'un Anglais. Il exprima son étonnement de voir notre hôte dans cette partie du monde, après lui avoir entendu répéter si souvent qu'il voulait mourir sous le ciel de l'Andalousie. Il alla même jusqu'à insinuer qu'un changement si absolu avait dû être commandé par des motifs extraordinaires.

Carwin ne répondait pas à ces provocations, ou n'y faisait que des réponses évasives. « Les Anglais et les Espagnols, disait-il, adorent le même Dieu; ils sont les disciples du même prophète. Les principes de leur religion sont contenus dans le même livre. Il y a entre ces deux peuples beaucoup plus d'analogie que de différence dans les mœurs, dans la littérature et dans le gouvernement. Les deux pays ont été des provinces du même empire politique et du même empire religieux. »

Quant aux motifs qui amènent les hommes à changer de contrée, nous n'obtenions rien de plus précis. « L'homme est un pèlerin qui marche toujours ; nous sommes tous comme les tribus vagabondes qui sont un jour ici, un jour là ; qui suivent le cours de la rivière, les chemins dans les bois, les troupeaux de buffles, et qui n'obéissent qu'à leur fantaisie. Lorsqu'on n'est retenu dans un pays par aucun lien de famille, par aucune des nécessités de la vie, on a toujours mille raisons pour quitter le plus beau ciel. »

En répondant ainsi, Carwin voulait faire croire qu'il ne devinait pas l'intention des remarques de notre ami. On voyait, néanmoins, à quelques indices peu importants en apparence, que les allusions faites par Pleyel avaient porté juste. Dès qu'une de nos paroles trahissait la moindre curiosité, la figure de l'étranger devenait plus sombre. Ses yeux se fixaient vers la terre, et il ne revenait à lui-même que par un effort de volonté. Il était par conséquent raisonnable de croire que cet homme singulier faisait parfois un retour douloureux sur certaines circonstances de sa vie. En observant la peine qu'il prenait pour cacher ces circonstances et pour en étouffer jusqu'au souvenir, on pouvait soupçonner les plus grandes infortunes, et peut-être pis encore. La douleur aime à s'épancher, à montrer ses blessures. Le silence de Carwin semblait venir d'une honte profonde ou de la discrétion d'un criminel.

Pleyel et mon frère adoptèrent la même opinion que moi à cet égard. Nous renonçâmes dès lors à nos tentatives. Il n'était pas difficile de poser la question de manière à ne laisser aucun doute sur la bienveillance de notre curiosité, et si la crainte de trouver en nous des confidents insensibles nous eût paru la seule cause du silence de Carwin, nous aurions aisément levé cet obstacle. Mais nous pensâmes qu'il y aurait de la cruauté à arracher ainsi le voile dont l'étranger couvrait ses misères, puisqu'il ne voulait pas le soulever lui-même.

Dans nos conversations avec notre hôte, il

nous arriva de faire allusion aux événements qui avaient troublé naguère la paix de notre vallée. Toutes les fois que ces aventures devinrent le sujet de la conversation, les moindres paroles, les regards, les gestes de Carwin, tous les signes qui pouvaient trahir sa pensée, furent pour moi un objet d'études sérieuses. J'attachais une grande importance à tout ce qui pouvait jeter quelque lumière sur ces rencontres inexplicables. Comme l'étranger avait acquis une grande expérience par ses lectures et ses voyages, j'étais curieuse de connaître son opinion.

Il me sembla d'abord qu'il refuserait de nous croire et ne manquerait pas de rire secrètement de notre folie. J'avais fait éprouver le même sort à des histoires toutes semblables. Les croyances superstitieuses n'obtenaient de moi qu'un souverain mépris. Je crus un instant que nos aventures produiraient un effet analogue sur Carwin, mais je fus trompée dans mes prévisions. Il nous écouta d'un air sérieux et sans donner aucune marque de surprise ou d'incrédulité. Il suivit même avec plaisir la controverse qu'amenait naturellement cet ordre d'idées. Son imagination brillante et vigoureuse opéra des prodiges; car s'il ne parvint pas à nous démontrer que les hommes avaient quelquefois des relations directes, immédiates avec le Créateur du monde, il nous amena insensiblement à croire la chose possible. Il se bornait lui-même à admettre la probabilité de ces rapports, et avouait que, parmi les aventures qu'il avait entendu raconter ou dont il s'était trouvé le témoin, plusieurs avaient une grande analogie avec les circonstances qui nous préoccupaient, sans qu'on dût néanmoins y voir clairement l'intervention divine et l'absence des manœuvres des hommes.

Sur notre prière, il consentit à raconter ces

histoires et entra dans les plus curieux détails. Son récit avait une telle puissance, qu'il produisait sur nous les mêmes effets que la réalité. Des faits peu vraisemblables prenaient une tournure bien différente dans la bouche de cet admirable narrateur. Il avait une réponse toujours prête, toujours satisfaisante à toutes les objections. Les catastrophes étaient, en général, produites, dans ses aventures, par des voix mystérieuses qu'il expliquait au moyen des principes reconnus de l'acoustique. Je ne pus cependant m'empêcher de reconnaître que les explications qui pouvaient résoudre les problèmes posés par notre hôte, ne suffisaient pas pour rendre compte des faits dont nous avions été témoins. Tous ses raisonnements tombaient devant notre expérience.

Aussi mon frère allait plus loin que l'étranger. Il affirmait la présence d'un pouvoir supérieur, surnaturel, dans les circonstances même où Carwin croyait voir clairement la trace d'une action toute humaine. Pleyel n'était pas d'un caractère à admettre de semblables explications. Il ne se faisait pas scrupule de repousser tout autre témoignage que celui de ses sens, et les faits mystérieux qu'il ne pouvait nier lui semblaient devoir tout au plus soulever quelques doutes sans conséquence.

Je ne fus pas longtemps à m'apercevoir que Carwin avait à peu près la même opinion. Il consentait à croire un récit, quand la raison ne s'opposait pas à cette confiance, quand ce récit, dans ses moindres détails, ne contredisait pas les lois de la nature. Mais il ne fallait pas venir lui parler de l'intervention d'êtres invisibles supérieurs à l'homme ; il était décidé à rejeter, comme une superstition indigne, une semblable croyance, au moins tant que ses propres oreilles n'auraient pas été frappées elles-mêmes par des accents inexplicables. La politesse l'empêchait de nous donner, à mon frère et à moi, un démenti formel, mais sa raison lui défendait d'ajouter foi à nos témoignages, à moins qu'il ne lui fût permis d'attribuer à des lèvres mortelles les voix entendues dans le temple, au pied de la colline et dans le cabinet. Lorsque nous le priâmes de justifier cette opinion si arrêtée, il répondit que l'art d'imiter les diverses intonations de la voix humaine était fort répandu. La voix de Catherine avait pu être aisément contrefaite par une personne placée au pied de la colline et qui s'était dérobée à la recherche de Wieland par une prompte fuite. Les paroles qui annonçaient la mort de la baronne avaient été sans doute articulées par quelque individu posté à une faible distance. Il avait suffi d'entendre la conversation des deux promeneurs pour augurer cette mort. Le hasard avait seul rendu ces conjectures conformes à la vérité. Une illusion avait fait supposer que les accents venaient d'en haut. Les cris d'alarme que mes amis avaient entendus la nuit sous la fenêtre devaient être aussi attribués à une personne qui se trouvait effectivement sous la fenêtre au moment où ils furent proférés. Il est inutile, ajoutait Carwin, de se rendre compte des motifs qu'on a eus en donnant le signal. Étions-nous donc si bien informés du caractère et des projets des êtres qui vivaient autour de nous? La ville n'était qu'à une faible distance et contenait des milliers d'individus dont les habitudes pouvaient expliquer ce qu'il y a de mystérieux dans ce signal. Quant au dialogue du cabinet, il fallait opter entre l'une de ces deux suppositions, ou que ce dialogue n'avait existé que dans mon imagination, ou qu'il avait réellement eu lieu dans la chambre voisine.

Telles furent les explications données par

Carwin. Elles avaient peut-être de quoi satisfaire les esprits les plus exigeants; mais nous ne les trouvâmes pas convaincantes. Quant au dessein tramé contre mes jours, il était sans aucun doute raisonnable d'admettre l'alternative de la réalité ou de l'illusion; mais je ne pouvais avoir la moindre incertitude à cet égard depuis l'avis mystérieux que j'avais reçu dans le pavillon et que j'avais été obligée de tenir secret.

Un mois s'était écoulé depuis la première visite de Carwin, et nous n'en savions pas davantage sur le véritable caractère et sur les projets de cet homme. Les apparences étaient les mêmes. Personne ne possédait un plus vaste savoir et ne communiquait aux autres ses richesses avec plus de tact et de libéralité. C'était par conséquent une acquisition importante pour notre petit cercle. Comme la maison de mon frère était à une assez forte distance de la ville, on engagea souvent l'étranger à passer la nuit à Mettingen. Il s'écoulait rarement deux jours sans qu'il nous rendît visite. Il entrait et sortait sans cérémonie. En arrivant, il était salué comme le bienvenu, et lorsqu'il voulait partir, nous ne lui imposions pas la gêne d'un plus long séjour.

Le belvédère était le lieu favori de nos réunions. Mais le bonheur que nous y goûtâmes n'était que l'ombre du bonheur d'autrefois. Carwin ne quittait jamais son air sérieux. Le mystère dont il s'enveloppait, l'incertitude où nous étions sur les conséquences de notre liaison avec lui, s'offraient assez souvent à notre pensée pour jeter quelque tristesse au milieu de nos plaisirs. De nombreuses inquiétudes s'étaient emparées de mon cœur et m'obligeaient à de fréquents retours sur moi-même. La réserve et le silence que je gardais alors étaient de nature à jeter quelques ombres sur la petite société où je vivais. Catherine subissait l'impression des circonstances au milieu desquelles sa voix avait joué un rôle si important. Mon frère était toujours un modèle de gravité rêveuse. Quant à Pleyel, il faut dire qu'en apparence, toute son ancienne vivacité lui était revenue. Il était aussi fantasque, aussi spirituel que jamais. Seulement il n'était pas heureux. Sur ce point, la vérité avait pour moi un trop grand intérêt pour que je n'observasse pas mon ami avec la plus habile vigilance. La gaieté qu'il montrait sans cesse me parut souvent empruntée et factice. Lorsqu'il ne se mêlait pas à la conversation et qu'il s'oubliait un instant, sa figure trahissait un déplaisir et une impatience invincibles. Ses visites devinrent même plus courtes et moins fréquentes. On pourrait croire que ma tristesse augmenta lorsque j'entrevis les peines secrètes de Pleyel; mais quelque étrange que cela doive paraître, ma seule consolation fut de penser que notre ami n'était pas heureux.

Tout le mérite de cette infortune, à mes yeux, dépendait de la cause qui l'avait produite. Je savais que la mort de la baronne de Stolberg n'y était pour rien, et que ce n'était pas non plus une émanation contagieuse des pensées maladives de Wieland et de Carwin. Il ne pouvait y avoir qu'une seule raison à ce chagrin concentré. Je sentais dans tout mon être un frémissement de joie lorsqu'un nouvel indice me faisait découvrir que l'ambiguïté de ma conduite était la cause des tourments de Pleyel.

## IX

Sur ces entrefaites, mon frère reçut d'Allemagne un livre qui venait de paraître. C'était une tragédie, le premier essai d'un jeune poëte sur lequel on fondait les plus hautes espérances. Les exploits du héros de la Bohême, Zisca, servaient de cadre à l'action dramatique. Suivant la manière allemande, cette œuvre n'avait guère d'unité et de précision ; elle était écrite avec une imagination aventureuse et pleine d'audace. C'était une suite d'événements inouïs. On allait sans transition de la forteresse au grand chemin, de l'embuscade à la bataille. Le conflit de passions effrénées était peint dans un style sauvage, avec une farouche énergie. Nous convînmes de nous réunir pour lire ensemble ce livre singulier. La langue dans laquelle il était écrit nous était familière à tous, excepté à Carwin, qui fut seul dispensé de se rendre à notre petite fête.

Je restai chez moi toute la matinée qui précéda l'heure du rendez-vous. L'état de mon âme m'inspira une longue série de réflexions. Les pensées qui avaient sur moi le plus d'empire se rapportaient toujours à Pleyel, et tous mes songes étaient remplis de son image. Au milieu de ma tristesse, je n'avais pas manqué absolument de consolation. Le trouble que j'avais observé sur le visage de notre ami était devenu pour moi une source abondante d'espérances. Qui empêchait que je ne fusse un jour la plus heureuse des femmes ? Qui pouvait retarder l'heure de mon bonheur ?

Pleyel, me disais-je, soupçonne que je regarde Carwin d'un œil favorable. De là toutes les inquiétudes qu'il s'efforce en vain de cacher. Il m'aime et n'ose espérer que je partage son amour. C'est à moi de mettre fin à son erreur ; mais de quelle manière ? Ce ne peut être qu'en changeant de conduite à son égard, et alors comment faut-il que je me comporte ?

Il n'était pas convenable de m'adresser directement à Pleyel. Je ne devais pas risquer une semblable confidence ; il fallait imposer silence à mes yeux et mettre un sceau sur mes lèvres. Avant de lui apprendre que mon cœur était à lui, n'était-il pas raisonnable d'attendre que lui-même m'offrît le sien? Au moins m'était-il permis de le convaincre que mon amour n'avait jamais été donné à une autre personne, et que j'en conservais les prémices. Je pouvais lui inspirer d'abord quelque doute sur le véritable état de mon âme, et l'amener ensuite à me faire un aveu. Mais qu'il est difficile de rester toujours dans les termes d'une parfaite convenance, de s'arrêter à temps devant les bornes que l'usage a posées, que la pudeur la plus exquise ne devine pas toujours, et qu'on ne saurait dépasser sans se compromettre!

Nous allions donc, ce soir-là, nous trouver ensemble dans le belvédère! On ne se séparera, disais-je, qu'à une heure avancée. Il devra m'accompagner jusque chez moi. Le ciel est sans nuage. Le vent qui souffle est constant, et nous promet une soirée tiède et sereine. A onze heures, la lune se lèvera, et nous suivrons tous deux lentement le sentier qui traverse la prairie. Cette heure décidera peut-être de mon sort. Pleyel, si je l'encourage, m'ouvrira son âme, et, avant que nous ayons touché le seuil de ma porte, je serai au comble de mes vœux. Quelle félicité sera la mienne ! Oh ! prends des ailes pour venir plus tôt, heure charmante ; et toi, lune sereine, voile ta lumière au moment où Pleyel me parlera d'amour, afin qu'il ne me voie pas rougir. Il comprendra ma réponse en sentant mon bras trembler, en écoutant mon silence.

Mais quels encouragements lui ont manqué jusqu'à ce jour ? Malgré la réserve qui m'était imposée, que ne lui ai-je pas dit ? que ne lui ai-je pas fait entendre ? Mon Dieu ! lorsque deux âmes éprouvent une sympathie mutuelle, les paroles et les regards ne sont-ils pas superflus ? L'agitation involontaire, le frémissement d'une main dans une autre n'est-il pas suffisant ? Pleyel n'a donc pas vu le trouble de mes sens lorsque sa main pressait la mienne ! Il a donc pris l'émotion de l'amour pour la rébellion de la fierté blessée ! Je l'ai bien compris, moi ; pourquoi ne m'a-t-il pas devinée ?

Quoi qu'il en soit, l'heure qui approche sera décisive. Je voudrais qu'elle fût venue, et pourtant je frémis à mesure qu'elle s'avance. Quel que doive être mon bonheur dans cette explication, j'y trouverai aussi un sujet de souffrance. Plût à Dieu que cet instant solennel fût déjà passé !

J'éprouve aujourd'hui quelque plaisir à revenir sur cette foule de détails. Il fut un temps où les émotions que j'éprouvais alors restaient ensevelies dans mon souvenir. C'était l'effet d'un scrupule dont je suis affranchie, scrupule insensé, et peut-être coupable, que je devais à une éducation étroite, et que j'aurais conservé sans doute, si ma vie eût été heureuse. Mais j'ai appris par mes malheurs qu'il ne fallait pas cacher les sentiments dont la nature a doué notre âme.

Il avait été convenu que nous nous réunirions à quatre heures. Je comptais les minutes. Elles me parurent s'écouler à la fois avec trop de rapidité et trop de lenteur. J'étais tourmentée par une agitation fiévreuse. Il me fut impossible de prendre la plus légère nourriture, d'accomplir la moindre tâche ou de goûter un instant de repos. Quand l'heure fut venue, je m'acheminai aussitôt vers la maison de mon frère.

Pleyel n'était pas encore arrivé. Il se faisait presque toujours un devoir et un mérite de l'exactitude. Son absence était d'autant plus extraordinaire, qu'il avait témoigné un grand plaisir de cette réunion. Il devait partager avec mon frère la fatigue de la lecture. C'était toujours pour notre ami une tâche agréable. Le timbre de sa voix était sonore, et par conséquent bien plus favorable à une œuvre dramatique surtout, que les intonations voilées et monotones de Wieland.

Qu'est-ce qui avait pu le retenir? Avait-il donc oublié le rendez-vous? Ce n'était pas probable. Jamais sa mémoire n'avait été en défaut, même pour de simples bagatelles. Il n'était pas impossible que la lecture projetée eût perdu son charme pour lui, et qu'il eût renoncé à sa visite, parce qu'il n'en attendait aucun plaisir. Mais pourquoi exiger de lui qu'il ne fût pas en retard d'une minute?

Une demi-heure s'écoula; Pleyel n'était pas arrivé. Peut-être s'était-il trompé sur l'heure convenue, ou avait-il cru que la réunion ne devait avoir lieu que le lendemain? Hélas! non. Un retour sur les circonstances de la dernière entrevue me démontra qu'une semblable erreur était inadmissible, car il avait lui-même proposé un jour et une heure où ses affaires ne l'appelaient pas ailleurs, et nous avions accepté. Pleyel avait pour le lendemain des engagements sérieux qui l'auraient empêché d'assister à notre réunion. Il fallait donc chercher une autre explication à son absence. Nos conjectures étaient vagues, confuses et mêlées de craintes. Il pouvait être malade. Il faut si peu de temps pour mourir !

Tourmentés par notre incertitude, nous restâmes dans le belvédère sans avoir la force d'entretenir une conversation. Nos regards étaient constamment tournés vers la porte, et il ne passait pas un cavalier sur la route qui, pour nous, ne devînt Pleyel un moment.

Les heures suivirent les heures, et le soleil, après avoir décliné insensiblement sur l'horizon, disparut tout à fait. Nous devions renoncer à voir notre ami ce jour-là. Son absence n'affecta guère Wieland et Catherine. Il fallait, disaient-ils, renvoyer la lecture à demain. Leur curiosité pouvait faire ce sacrifice. Mais si Pleyel ne venait pas le jour suivant, ils se passeraient de lui. Quelque circonstance indifférente l'avait empêché de venir, et ils étaient sûrs de recevoir une bonne excuse le lendemain matin.

On doit croire que ce langage n'était pas en harmonie avec mes sentiments. Je détournai la tête pour cacher mes larmes, et ne songeai qu'à regagner ma solitude, afin de donner un libre cours à mes pensées. Mon cœur était gros de chagrin et de colère. Pleyel n'était pas le seul objet de mon indignation. Je maudissais ma propre folie. Le voilà donc tombé en ruines ce riant édifice que j'avais bâti dans mon cœur ! Toutes mes belles visions s'étaient donc évanouies !

Hélas ! je m'étais plu à rêver que Pleyel

m'aimait! S'il m'eût aimée, quels obstacles auraient pu l'empêcher de venir! — O insensé! m'écriai-je dans mon désespoir, tu joues avec le bonheur; tu es assez léger pour refuser le don suprême d'un cœur dévoué! A merveille! Dorénavant, je ne confierai mon repos qu'à moi-même.

Les premières angoisses de ma douleur ne me permirent ni d'être raisonnable ni d'être juste. Tout ce qui m'avait porté à croire que Pleyel m'aimait me sembla n'être qu'une suite d'illusions qui m'avaient égarée et dont j'aurais dû me garantir.

Sous un prétexte frivole, je quittai mon frère et retournai chez moi bien avant l'heure où je m'attendais à y revenir. Je me retirai aussitôt dans ma chambre, quoique je ne songeasse guère au sommeil. Je me plaçai à la fenêtre, et m'abandonnai à mes réflexions.

La violence avec laquelle mes sentiments

avaient éclaté au dedans de moi, s'était en quelque sorte apaisée. Il en résulta un abattement général que vint augmenter le regret d'avoir obéi à une aveugle injustice. Elle est bien digne de notre haine, la jalousie, cette malheureuse passion qui obscurcit l'intelligence et qui désole notre cœur sous prétexte de le satisfaire. Quel droit pouvais-je avoir à l'amour de Pleyel? n'avais-je pas montré la plus grande indifférence pour son bonheur et laissé croire que j'accueillais un étranger? Son absence n'était-elle pas une preuve de cet amour dont je doutais encore? Il a peut-être manqué au rendez-vous, afin d'éviter de nouveaux témoignages de ma froideur à son égard et de fuir le découragement. Pourquoi ai-je prolongé notre mutuelle angoisse en gardant le silence, en cachant mes pensées? Pourquoi ne lui ai-je pas simplement avoué ce qui se passait au dedans de moi?

Vous me croirez à peine, si je vous dis que,

dominée par cette idée, je voulus demander de la lumière afin d'écrire à l'heure même un aveu à Pleyel. Une courte réflexion me fit découvrir la folie de ce projet, et je ne pus comprendre par quelle faiblesse d'esprit je l'avais caressé un instant. Je sentis alors avec douleur qu'un aveu semblable est l'outrage le plus sanglant qu'une femme puisse faire à la dignité de son sexe.

Comme je m'étais levée, je repris ma place auprès de la fenêtre et continuai de rêver. L'absence de Pleyel servit une seconde fois de thème à mes conjectures. Combien d'incidents avaient pu le retenir! Je me rappelai qu'un jour, pendant ma jeunesse, nous avions de même arrangé une partie de plaisir à laquelle notre ami devait assister; nous l'attendîmes longtemps en vain, Pleyel ne vint pas. Nous apprîmes le lendemain qu'il était tombé dans la rivière en passant d'un bateau sur un autre, et qu'il avait couru le plus grand danger. Cette nouvelle inexactitude, dans une circonstance analogue, ne pouvait-elle pas avoir une cause semblable ? Aurait-il eu besoin de passer l'eau pour faire quelque emplette dans le Jersey ? Il s'était sans doute promis de revenir à l'heure du dîner. Mais quelque événement imprévu avait mis obstacle à son retour. Je savais tout le danger d'une traversée dans un canot, et Pleyel n'avait pas d'autre barque à sa disposition. L'eau m'inspirait, d'ailleurs, une terreur secrète et involontaire que je n'avais jamais pu surmonter. Le passage d'un ruisseau me faisait trembler, et cette peur étrange était commune à tous ceux de notre famille : c'était, en quelque sorte, un mal héréditaire. Toutes ces circonstances combinées donnèrent une apparence de raison à mes conjectures. Je fus d'abord soulagée en pensant que mon frère eût été averti aussitôt dans le cas où un pareil accident serait arrivé. Mais cette idée consolante fut détruite par une crainte bien légitime. Si un malheur était arrivé à Pleyel, comme tout semblait le faire croire, peut-être la famille de notre ami n'en avait-elle pas encore reçu la nouvelle. Qui sait même si, pour tout avis, on ne lui apporterait pas un corps livide trouvé sur la grève ?

Ainsi j'étais tourmentée par des pensées contradictoires. Mon esprit était dupe de mon imagination. Il n'en a pas toujours été de même ; je puis indiquer la date précise de cette triste maladie. Elle coïncide avec les premiers symptômes d'une passion dont j'ai été la victime, mais qui ne m'a jamais comptée au nombre de ses panégyristes. Cette passion fatale a contribué elle-même à détruire la paix de mon âme. Elle a été pour moi une source inépuisable de souffrances, et, à défaut d'autres malheurs, elle eût suffi pour anéantir à mes yeux les charmes de la vie et me faire souhaiter de mourir.

Dans la disposition d'esprit où je me trouvais, je fus ramenée par une pente naturelle au souvenir de la mort de mon père. J'avais le plus grand respect pour la mémoire de ce digne homme, et je conservais pieusement tout ce qui pouvait me rappeler sa vie si agitée et sa fin si mystérieuse et si triste. Parmi ces objets de mon culte habituel, se trouvait un manuscrit qui renfermait des détails précieux sur la jeunesse et les voyages de mon père. Il n'y avait pas beaucoup d'art et d'apprêt dans le style. Ce petit livre, néanmoins, ne devait pas toute sa valeur aux liens de parenté qui m'unissaient à la personne qui l'avait écrit. Le langage avait une simplicité pittoresque et naturelle. La vérité, la scrupuleuse analyse des caractères de tous les personnages, une peinture exacte des mœurs et des passions, faisaient de ce volume le plus bel ornement de ma bibliothèque. Il était tard, mais comme je ne pouvais espérer le sommeil, je résolus de parcourir mon livre favori. Il fallait pour cela me procurer une lumière. Judith s'était retirée dans sa chambre depuis longtemps. Je devais, en conséquence, aller chercher moi-même ce dont j'avais besoin. Il y avait dans la cuisine une lampe et tout ce qui est nécessaire pour l'allumer. Je me levai de ma chaise pour descendre. Mais la lumière ne m'était absolument utile que pour la lecture. Je connaissais le rayon et la place où le manuscrit était déposé. Je me demandai si je prendrais d'abord le livre ou si je préparerais la lampe. J'adoptai le premier parti, et me dirigeai vers le cabinet dans lequel, ainsi que je l'ai expliqué déjà, se trouvaient mes livres et mes papiers.

Tout à coup le souvenir de ce qui s'était passé naguère dans ce cabinet s'offrit à moi. J'ignorais s'il était plus ou moins de minuit, et me trouvais encore seule et sans défense. A ce moment, le bruit de la cascade vint frapper mon oreille. J'étais placée dans la direction de la fenêtre. Tout dormait autour de la maison, excepté le feuillage des pins que la brise agitait avec un murmure solennel. Les voix mystérieuses, l'étrange dialogue que j'avais entendu, la terreur que j'avais éprouvée, toutes ces circonstances remplirent une seconde fois mon imagination, et me jetèrent dans un trouble inexprimable. Mes pieds se refusèrent à avancer, et je fis une pause pour reprendre mes sens.

Enfin je me décidai à m'approcher du cabinet ; je portai la main sur la serrure, mais mes doigts furent impuissants. Je ne pus ouvrir. Je sentis renaître en moi toutes mes frayeurs. Il me vint à l'esprit que quelqu'un était caché derrière cette porte dans de mauvais desseins. Je commençais à surmonter mes craintes, lorsque je réfléchis qu'il serait peut-être bon d'aller chercher la lampe avant d'ouvrir. Je reculai de quelques pas dans cette intention. Mais avant que je fusse arrivée à la porte de mon appartement sur le vestibule, mes pensées avaient pris une direction nouvelle. Le mouvement ne produisit pas seulement un effet mécanique. J'eus honte de ma faiblesse. D'ailleurs, pensai-je, à quoi peut me servir une lampe?

Mes craintes étaient vagues. Elles n'avaient pas un objet arrêté. Il serait difficile de peindre exactement l'espèce de fantôme que j'avais créé comme à plaisir. Sans lui attribuer des formes précises, j'imaginais que c'était un ennemi dont je devais craindre la présence. Une voix, sur le bord de la rivière, ne m'avait-elle pas annoncé que de grands périls m'environnaient? mais n'avait-elle pas aussi affirmé qu'il n'y avait de danger réel que sur le bord de la rivière?

Je retournai vers le cabinet, et mis encore une fois la main sur la serrure. Oh! puissent mes oreilles perdre toute leur sensibilité plutôt que d'entendre encore un cri si terrible! Mon esprit n'en fut pas seul ému. Le son que j'entendis ébranla tout mon être; il brisa mes nerfs, fendit mon cerveau et disloqua tous mes membres. Il sortait néanmoins, en apparence, de la bouche d'un homme, car jamais articulation n'a été plus distincte. Le souffle qui devait l'accompagner n'agita pas les boucles de ma chevelure, mais toutes les autres circonstances prouvaient que les lèvres d'où il était sorti se trouvaient près de mon épaule.

— Prends garde! Prends garde!

Telles furent les paroles qui vinrent m'assaillir. Elles avaient été prononcées avec une énergie extraordinaire, avec un mélange de précipitation et de terreur.

Tremblante, éperdue, je m'appuyai contre le mur, et, par la même impulsion involontaire, je tournai la tête pour examiner l'interlocuteur mystérieux. Le clair de lune inondait la chambre par les deux fenêtres, et il n'y avait pas un coin dans cet espace qui restât dans l'ombre, mais je ne vis personne.

L'intervalle entre l'exclamation de l'être invisible et le regard que je lançai à l'instant vers l'endroit d'où elle partait, n'est pas appréciable, à cause de la rapidité de mon mouvement. Si un être humain se fût trouvé dans la chambre, il n'aurait pas échappé à une découverte immédiate. Lequel de mes sens était donc la dupe d'une illusion ? Je tremblais encore de tous mes membres. On ne pouvait nier une cause dont les effets étaient évidents. Mais n'était-il pas aussi raisonnable d'affirmer la position de l'être invisible que la réalité des paroles qu'il avait proférées ?

Je ne puis dire l'état de mon âme à ce moment; la surprise m'avait fait perdre l'usage de mes facultés, mon corps était sans force, et la vie sembla même suspendue un instant; mais cet état ne pouvait se prolonger. La rivière, après avoir rompu ses digues, rentre bientôt dans son lit accoutumé. Le trouble, que je n'avais pu vaincre d'abord, devint peu à peu moins violent, et je ne tardai pas à reprendre assez d'empire sur moi-même pour mettre de l'ordre dans mes idées et marcher librement. Je fis quelques pas et j'avançai jusqu'au milieu de la chambre. Mes regards se portèrent de tous côtés. Je ne me contentai pas d'un premier examen. La personne qui avait refusé de paraître pouvait changer de résolution et se laisser découvrir à une nouvelle tentative.

La solitude ouvre un champ vaste à l'imagination, et il semble qu'on se plaise à la peupler de fantômes. La faible clarté de la lune est plus fertile en images effrayantes que les ténèbres elles-mêmes. J'étais seule, et les murs étaient couverts d'ombres fantasques. Lorsque la lune passait derrière un nuage pour se laisser ensuite voir de nouveau, ces ombres semblaient douées de vie et se mouvoir. L'appartement était ouvert à la brise, et, par moments, on voyait onduler les rideaux. Ce mouvement occasionnait un bruit léger. Je retins mon haleine; j'épiai des yeux, des oreilles le moindre bruit, la plus faible ondulation. Je ne pouvais m'empêcher de croire mon interlocuteur tout près de moi, et m'attendais à voir quelque symptôme trahir sa présence; mais je n'aperçus rien.

Lorsque j'eus recouvré assez de force pour faire un retour vers le passé, la première idée qui me frappa fut la ressemblance entre les paroles que je venais d'entendre et celles qui avaient mis fin à mon rêve dans le pavillon. Il est toujours possible de distinguer une substance d'une ombre, une réalité d'un fantôme. L'abîme, mon frère qui m'appelait, mon bras saisi brusquement, la voix étrange, tout cela était imaginaire, il n'y avait pas moyen d'en douter. Ces circonstances faisaient aussi évidemment partie d'un rêve qu'il était évident que je veillais à cette heure. Et pourtant je venais d'entendre une voix semblable et les mêmes paroles. Maintenant comme alors je semblais prévoir un danger, tandis que mes actions démentaient ma frayeur. Ne croyais-je pas que mon cabinet renfermait quelqu'un, et ma persévérance à rester dans ma chambre n'était-elle pas une preuve de mon insouciance à cet égard? Pour me tirer d'une sécurité dangereuse, le même avis venait de m'être adressé.

Dans mon rêve, c'était mon frère qui m'attirait dans un précipice, où je devais trouver la mort. De quel malheur fallait-il donc me défendre aujourd'hui? Quel était l'agent funeste caché dans le cabinet? Quel était l'ennemi que j'allais découvrir, si j'osais y entrer? Une horrible pensée me vint malgré moi... c'était peut-être... MON FRÈRE!

Non! Wieland est mon protecteur, mon ami, ce n'est pas un bourreau. Il me fut donné par le ciel pour m'aimer, et non pour me haïr. Singulière fantaisie de l'esprit! terrible chimère! Par quelle inspiration ai-je pu avoir une semblable idée? La vie m'était chère. Je ne me sentais aucun penchant à la quitter. Mon devoir, ma famille, mes espérances contribuaient également à me faire aimer l'existence. Je devais frémir d'épouvante en présence d'un danger qui menaçait ma vie; mais pourquoi aller supposer que Wieland servirait peut-être d'instrument à la main divine?

« Il existe dans notre âme des idées qui ne se rattachent en apparence à aucune loi de notre nature. Pourquoi avais-je rêvé que mon frère était mon ennemi? Ne pourrait-on pas croire que c'était là un avertissement du sort qui m'attendait? Mais alors dans quel but cet avertissement m'avait-il été donné? Pour m'inviter à la prévoyance? pour m'inspirer un peu de courage dans mon infortune?... Quoi qu'il en soit, mes pensées obéirent, à mon insu, aux impressions qu'avait faites sur moi le rêve mystérieux. Bientôt une espèce de frénésie l'emporta sur la prudence. L'idée qu'un assassin était caché dans le cabinet devait suffire pour me faire prendre la fuite. Un événement semblable avait produit ce dernier effet. Si mon âme eût été effrayée seulement du voisinage de la mort, j'aurais suivi la même impulsion; mais j'étais entraînée à regarder mon frère comme la cause du malheur dont j'avais été menacée. Cette conviction ne diminuait ni mes dangers ni mes craintes. Pourquoi m'approchai-je encore du cabinet pour l'ouvrir? Je n'en sais rien. Et pourtant cette résolution fut prise par moi tout à coup et exécutée hardiment.

La porte était légère et s'ouvrait en dedans. Aussitôt qu'on avait tiré le loquet, elle roulait sur ses gonds sans qu'on eût besoin de la pousser. Ce jour-là, comme je voulais ouvrir brusquement, je fis un effort plus qu'ordinaire ; mais ce fut en vain, la porte refusa de céder.

Dans un autre moment, cette circonstance ne m'aurait point semblé mystérieuse. J'aurais supposé quelque obstacle accidentel, et me serais hâtée de faire de nouvelles tentatives. Mais il n'y eut de place dans mon esprit que pour une seule conjecture. La porte était retenue par la main d'un homme. Ce devait être pour moi une cause naturelle d'effroi et une bonne raison de prendre un autre parti. Il n'y avait plus à hésiter, et on doit croire que j'abandonnai à l'instant même la chambre et la maison sans essayer d'ouvrir ce cabinet maudit.

Mais ne savez-vous pas que j'étais inspirée par une sorte d'audace frénétique ? J'avais perdu le sentiment de ce qui était convenable. Je pressai une seconde fois le loquet ; j'employai toutes mes forces à vaincre la résistance qu'on m'opposa encore. Mes efforts furent inutiles : la porte ne céda point.

Un observateur superficiel applaudira peut-être à mon courage dans cette occasion. Il semble que ma persévérance n'ait pu avoir d'autres motifs qu'un mépris absolu du danger ; mais j'ai indiqué, aussi bien que je l'ai pu, la véritable raison de ma conduite. J'étais sous l'influence de cette pensée, que mon frère se trouvait à quelques pas de moi, et que la résistance que j'éprouvais venait de lui. Vous comprendrez la surexcitation de mes sens, l'exaltation de mon esprit, en apprenant qu'après avoir constaté l'inutilité de mes efforts, j'adressai la parole à la personne cachée dans le cabinet. Il fallait que j'eusse perdu toute ma raison.

J'arrive au dénoûment de cette crise fatale.

— Laissez-moi ouvrir la porte, m'écriai-je d'une voix plutôt impérieuse que craintive. Je vous connais bien. Sortez, mais ne me touchez pas. Je vous ordonne de sortir!

J'avais retiré ma main de la serrure et je m'étais éloignée de quelques pas. Ces paroles furent à peine prononcées, que la porte roula sur ses gonds et me laissa voir l'intérieur du cabinet. Tout ce qu'il renfermait était dans l'ombre. Quelques secondes s'écoulèrent sans que rien troublât le silence de la nuit. J'ignorais ce que je devais espérer ou craindre. Mes yeux restèrent fixés sur cette chambre obscure. Tout à coup un profond soupir se fit entendre. L'endroit d'où il venait lui donnait un caractère particulier. Je vis alors quelqu'un s'avancer du fond de l'appartement. Au premier coup d'œil, je pus distinguer seulement une figure humaine, sans me rendre compte de sa forme précise. Les pas qui frappèrent mon oreille étaient lents et irrésolus. Je reculai à mesure que le personnage mystérieux avança. Il parut enfin sur le seuil de la porte, et rien ne m'empêcha de le voir clairement. Je m'attendais à trouver une tout autre personne. Le visage qui se présenta à mes regards était le dernier que j'eusse voulu rencontrer à une heure, dans un lieu semblables. Ma crainte fut plus grande que ma surprise. Des assassins s'étaient cachés dans le cabinet. Une voix divine m'avait prévenue du danger qui m'attendait. J'avais méprisé l'avertissement, j'avais défié mon ennemi et j'étais en sa présence.

Je me rappelai la conduite douteuse et le caractère sombre de Carwin. Quels motifs avaient pu le conduire dans cet appartement? J'étais seule, à demi vêtue, comme le permettaient l'heure, l'endroit où je me trouvais, et la chaleur de la saison. Il n'était pas possible d'espérer du secours. Carwin s'était placé entre moi et la porte de sortie. Je tremblais des pieds à la tête sous la violence de mes émotions.

Je ne perdis pas, néanmoins, tout pouvoir sur moi-même. Je conservai une force d'esprit assez grande pour observer les mouvements de cet homme. Ses traits avaient un air grave, mais ils n'indiquaient pas la moindre agitation. Il n'y avait pas assez de clarté dans la chambre pour que je pusse découvrir le genre d'inquiétude qu'ils trahissaient. Il était debout et immobile, mais ses regards allaient d'un objet à un autre. Enfin ses yeux puissants s'arrêtèrent sur les miens. J'aurais voulu me dérober à moi-même. Il rompit le silence. Sa voix conservait toute son énergie, mais ce n'était plus une voix amie. Il s'avança vers moi en parlant ainsi :

— Quelle voix venez-vous d'entendre ?

Il se tut pour attendre une réponse. Mais, voyant ma frayeur, il continua avec le même ton solennel :

— Ne craignez rien. Quel que soit votre protecteur, il vous a rendu un service important. Je n'ai pas besoin de vous demander si c'était une personne placée auprès de vous. Cette voix n'appartient pas à un être mortel. Il n'y a qu'un pouvoir supérieur à l'homme qui ait pu découvrir ma présence dans ce cabinet.

Vous saviez donc que Carwin était là? Connaissiez-vous aussi ses intentions? La même puissance a dû vous les faire connaître, et pourtant vous avez persisté, jeune fille téméraire! Sans doute, vous comptiez sur son appui : votre confiance était juste. Avec un secours pareil, vous n'avez rien à craindre de moi ; vous pouvez me défier.

C'est mon éternel adversaire ; il se plaît à rompre mes trames les mieux ourdies. Vous avez été sauvée deux fois par son intervention. Sans lui, il y a longtemps que j'aurais brisé les frêles obstacles qui défendent votre honneur.

Il me regarda avec plus de fixité qu'auparavant. Je devenais de plus en plus inquiète sur mon sort. J'eus à peine la force de balbutier quelques mots pour prier Carwin de partir ou de me laisser partir moi-même. Il ne fit aucune attention à ma demande, mais poursuivit sur un ton plus passionné :

— Pourquoi tremblez-vous encore? Ne vous ai-je pas dit que vous étiez sauvée? Un être en qui vous avez plus de confiance qu'en moi ne vous a-t-il pas donné la même assurance? Et d'ailleurs, si j'exécutais mon dessein, quel mal y aurait-il? Vos préjugés vous feraient voir un malheur où il n'y en a véritablement aucun.

J'étais conduit par un sentiment qui vous fait honneur, un sentiment qui aurait sanctifié mon œuvre. Mais, quoi qu'il en soit, vous êtes sauvée. Adorez encore votre idole, caressez votre chimère; je ne ferai rien pour vous tirer de votre erreur.

Alors il se tut.

Les paroles, les manières de cet homme m'enlevaient tout mon courage. Dans toute autre occasion, sans doute, je n'aurais pas montré la même terreur. Je regardais ma situation comme désespérée. J'étais entièrement à la merci de mon agresseur. Quelque part que je tournasse mes yeux, aucun moyen de salut ne se présentait. Je ne devais compter pour rien ma force physique, mon adresse, mon éloquence. Ce n'était plus le moment de croire au pouvoir de la vertu et de la vérité. Je pensais habituellement qu'avec ces deux alliées on ne devait reculer devant aucun péril. J'allais même jusqu'à soutenir que certains malheurs ne pouvaient atteindre les personnes dont la vie est pure, et que la véritable vertu nous donne une énergie à laquelle le vice ne résiste pas. Il me semblait que nous pouvions toujours empêcher, par notre propre mort, les projets d'un ennemi qui menaçait plus que nos jours. Comment se fit-il que le désespoir seul s'empara de moi, et que je me confiai à la protection du hasard ou à la miséricorde de mon adversaire?

Les paroles de Carwin laissaient entrevoir le dessein qu'il méditait. Il parlait d'obstacles qui s'étaient élevés sur sa route. Il avait abandonné son projet; mais ce n'était pas une raison absolue de sécurité. Il ne pouvait y avoir de salut pour moi que dans l'absence de Carwin. Lorsque je faisais un retour sur moi-même, quand je songeais à l'heure avancée et à la solitude de ma maison, je succombais sous l'effroi et l'abattement.

Quant-à lui, il garda un instant le silence, demeura debout, l'air pensif et sans faire attention à moi. Je me tus de même. Qu'aurais-je pu dire? J'étais sûre que la raison était impuissante dans un cas semblable. Je n'attendais ma délivrance que d'un caprice de Carwin. Quelle que fût l'intention dans laquelle il était venu, il en avait changé. Pourquoi restait-il encore? Sa résolution ne pouvait-elle pas varier? Il allait peut-être, après un silence de quelques minutes, revenir à son premier dessein.

Et pourtant c'était bien le même homme que nous avions traité avec une bienveillance infatigable, qui s'était rendu comme nécessaire dans notre famille par l'élévation de son esprit et ses autres perfections, qui avait tant de fois célébré avec chaleur la puissance et les charmes de la vertu. Comment notre hôte était-il devenu mon plus cruel ennemi? S'il m'eût été possible d'oublier les circonstances de notre entrevue, j'aurais traité ses menaces de plaisanterie.

Il reprit la parole :

— N'ayez pas peur de moi. La distance qui nous sépare l'un de l'autre est bien faible. Je puis la franchir presque d'un seul pas.

Vous semblez n'attendre aucun secours; vous vous croyez entièrement en mon pouvoir, mais vos craintes sont mal fondées. Je ne puis vous toucher du bout du doigt. Il me serait plus facile d'arrêter la lune dans sa course que de vous faire le moindre mal. Le pouvoir qui vous protége me réduirait en poussière en un instant, si j'osais avoir une pensée hostile contre vous.

Ainsi, les apparences s'expliquent! Je ne m'attendais guère à cette solution. Quel destin vous est réservé? Conduite par cette intelligence suprême, vous éviterez les ronces du chemin, les précipices sur le bord de la route et les embûches qu'on vous tendra. Tous ces artifices viendront échouer devant cette protection.

Il cessa de parler. J'étudiais chacun de ses gestes et de ses regards. Le calme solennel qui régnait sur sa figure disparut; ses traits laissèrent voir une anxiété profonde.

— Je vais partir, dit-il ensuite d'une voix tremblante. Pourquoi resterais-je? Je ne vous demande point de pardon. Vous êtes la proie de l'épouvante, et je devrais ce pardon à la frayeur plutôt qu'à une douce pitié. Il faut que je m'éloigne pour toujours. Quiconque a menacé votre honneur ne doit attendre de vous et des vôtres que la persécution et la mort. Je dois me condamner encore à un exil éternel.

Après avoir dit ces mots, il quitta la chambre. Je l'entendis descendre l'escalier et s'éloigner après avoir ouvert la porte extérieure. Je ne le suivis pas des yeux, comme le clair de lune me l'aurait permis. Soulagée par son départ, mais épuisée par la violence de mes craintes récentes, je me laissai tomber sur une

## 212  WIELAND OU LA VOIX MYSTÉRIEUSE.

chaise et m'abandonnai aux nombreuses pensées que des événements si extraordinaires devaient faire naître.

— J'étais parti, dit-il ensuite d'une voix tremblante. Pourquoi resterais-je? Je ne vois désormais point de Henri. Vous êtes la proie de l'épouvante, et je désirais ce pardon à la faveur plutôt qu'à une tôle pitié. Il faut que je m'éloigne pour toujours. Quiconque a menacé votre bonheur ne doit attendre de vous et dit-vous que la persécution et la mort. Je dois me condamner encore à un exil éternel.

Après avoir dit ces mots, il quitta brusquement. Je l'entendis descendre l'escalier et s'éloigner après avoir ouvert la porte extérieure. Je ne le suivis pas des yeux, comme le clair de lune me l'aurait permis. Soulagée par son départ, mais écrasée sous le violence de mes chagrins récents, je ne faisais tomber sur une

## X

Il me fut d'abord impossible de mettre de l'ordre dans mes idées. La voix de Carwin résonnait encore à mes oreilles. Chacune de ses paroles était présente à mon souvenir. L'apparition fatale de cet homme, son départ précipité, son étrange conduite avaient produit sur moi un effet inexplicable. J'essayai vainement de donner un cours plus régulier à mes pensées et d'arrêter une confusion qui devenait de plus en plus pénible. Mes efforts furent inutiles. Je me couvris les yeux avec la main, et restai assise, je ne sais combien de temps, sans pouvoir ramener le calme dans mon esprit.

Ainsi, j'avais été pendant des heures entières sous la main d'un être malveillant, sans avoir la moindre notion du danger qui menaçait ma vie. Je n'avais point songé à me défendre. Pourquoi la fantaisie de parcourir le manuscrit de mon père m'était-elle venue ? Si, au lieu de former ce dessein, je m'étais rendormie, à quel sort étais-je réservée ? Le misérable, qui avait retenu son haleine pour cacher sa présence dans le cabinet, aurait saisi l'instant propice, et je ne me serais éveillée que pour mourir d'effroi ou de honte. Au-

## OU LA VOIX MYSTÉRIEUSE.

rais-je pu rester ainsi dans l'ignorance du péril dont j'étais menacée? Aurais-je pu dormir au milieu de si terribles embûches?

Et quel était cet homme qui avait résolu ma ruine? Par quels moyens s'était-il introduit dans le cabinet? Ne lui avait-il pas fallu pour cela un pouvoir surnaturel? C'était donc là l'ennemi que j'avais à craindre. Je le voyais chaque jour, je conversais avec lui; mais on ne pouvait percer le voile impénétrable de sa duplicité. Lorsque avant cette nuit, je cherchais autour de moi l'auteur des maux qui m'attendaient, je n'avais pas arrêté une seule fois ma pensée sur lui. Il venait cependant d'avouer lui-même qu'il était mon ennemi. Comment l'eût-il été sans méditer quelque projet coupable? Il convenait que l'attentat de cette nuit n'était pas le premier auquel il m'eût exposé. Quelles étaient les circonstances de l'autre complot? Fallait-il les reconnaître dans ce dialogue mystérieux qui m'avait chassée de ma maison? Me trompé-je, dis-je en moi-même, ou la voix de l'étranger ressemble-t-elle véritablement à celle de l'assassin qui parlait de m'étrangler, de faire mon affaire en un instant? Carwin avait alors un compagnon; maintenant il est seul. Il voulait sans doute ma mort dans la première tentative; maintenant il veut plus que cela. Quelles actions de grâces je dois rendre à la puissance qui est intervenue pour me sauver !

Cette puissance est invisible. Elle n'a été révélée qu'à l'un de mes sens. De quelle manière pouvais-je découvrir sa nature? L'être propice est venu de lui-même déjouer les machinations de Carwin et me prévenir du danger que j'allais courir. Il n'eût tenu qu'à moi de suivre son conseil, de m'éloigner en toute hâte. J'aurais pris ce parti, sans doute, si j'avais connu la présence d'un ennemi véritable. Mais une témérité hors de saison m'ayant fait courir au-devant du péril, j'avais présenté moi-même la victime à l'autel. Heureusement cette audace avait eu son bon côté. En surprenant le coupable, en prévenant ses desseins, je lui avais enlevé le pouvoir de la réflexion et la présence d'esprit. C'était à la vérité lui fermer la route du repentir, et mon protecteur l'avait bien compris. Voilà pourquoi il m'avait retenue au moment où j'allais entrer dans le cabinet. Par quel triste entêtement avais-je persisté à ouvrir la porte?

En somme, je fis bien d'agir ainsi. Carwin, ne pouvant comprendre ma folie, expliqua ma conduite par les informations que j'avais reçues. Il se crut découvert, et ne put se défendre d'une terreur secrète; je le pensais du moins. Il renonça bientôt à me poursuivre en me voyant protégée par *son* ennemi tout-puissant.

Mais quel était le complice de cet homme ? L'une des voix que j'avais entendues dans le cabinet m'avait ordonné de fuir le pavillon. Elle affirmait que là seulement ma vie était exposée. Ce qui venait d'avoir lieu donnait un démenti formel à cette promesse. L'association entre Carwin et son affidé était-elle vraiment rompue ? N'était-ce pas dans un dessein particulier qu'on voulait prévenir mes visites au bord de la rivière ? Pourquoi m'eût-on enjoint le silence à l'égard de tout le monde au sujet de cet avertissement, si ce n'eût été dans des vues criminelles ?

Personne autre que moi n'avait l'habitude de se retirer sous le feuillage solitaire. La position était merveilleusement faite pour le mystère. Ce petit coin de terre était borné d'un côté par le roc, et de l'autre par des plantes parasites et des branches de cèdre. Les pensées que j'y retrouvais d'habitude étaient pures et suaves. J'en avais fait comme un temple dédié à la mémoire des jours de mon enfance et aux rêves les plus frais d'avenir. Quel changement s'était opéré dans ma retraite favorite depuis l'arrivée désastreuse de l'étranger! A cette heure, peut-être, il médite où j'aimais à perdre les heures. De sombres pensées, filles des plus honteuses passions, y naissent peut-être, y grandissent et se plaisent dans l'ombre. Mes arbres chéris n'abritent plus l'innocence; ils cachent le crime.

Telles furent les idées qui se succédèrent tumultueusement au dedans de moi pendant cette nuit. Je passai en revue les conversations auxquelles Carwin avait pris part. Je cherchais à découvrir quelques rapports entre ses manières et ses paroles d'alors et sa conduite dans la dernière entrevue, où il s'était montré sous un jour si différent. Je pesai attentivement ses commentaires sur le dialogue du cabinet, mais je n'obtins aucun résultat de cet examen du passé. Mon attente avait été trompée dès l'abord par le souvenir de l'indifférence avec laquelle il écouta mon récit. Il n'avait pas donné une opinion formelle sur la nature des voix. Il n'avait pas non plus décidé si elles étaient réelles ou imaginaires, et ne s'était point mis en peine des précautions qu'on devait prendre pour qu'une scène pareille ne se renouvelât pas impunément.

Quelles mesures fallait-il pourtant que je prisse dans ma nouvelle situation? Le danger qui me menaçait était-il passé? N'avais-je plus rien à craindre? J'étais seule et sans aucun moyen de défense. Je ne pouvais deviner les motifs ni prévoir les actions de Carwin. Quelle certitude y avait-il qu'il ne reviendrait pas à ses projets et ne songerait pas de nouveau à leur exécution?

Cette idée me remplit d'épouvante. Avec quelle amertume je déplorai la solitude où je me trouvais ! Avec quelle ardeur je souhaitai le retour du matin ! Mais il n'y avait aucun remède à ces inquiétudes. J'eus d'abord la pensée de réveiller ma servante et de lui faire passer le reste de la nuit dans ma chambre ; mais il n'était pas difficile de comprendre que cet expédient n'ajouterait rien à ma sécurité. Je résolus ensuite de quitter la maison et de courir chez mon frère, mais je renonçai vite à ce projet en pensant à l'heure indue, au trouble que devaient occasionner mon arrivée subite et le récit de mon aventure, et enfin aux dangers que je pouvais trouver en chemin. Je ne tardai pas, d'ailleurs, à regarder le retour de Carwin comme tout à fait improbable. Cet homme avait renoncé à son dessein par un acte de sa volonté. Il était parti de son propre mouvement. « Il y a, me disais-je, une cause toute-puissante qui a changé les vues de notre hôte. Le pouvoir auquel je dois mon salut achèvera son ouvrage. Si je concevais de folles craintes, je mériterais qu'elles fussent réalisées. »

J'avais à peine achevé ces paroles, que mon attention fut éveillée par un bruit de pas. Quelqu'un traversait la petite place située devant ma maison. Ma confiance prématurée s'évanouit à l'instant. Je pensai que Carwin s'était repenti de son départ et revenait en toute hâte. Il ne me sembla guère possible que ce retour fût dicté par de bonnes intentions. D'affreuses pensées de violence et de meurtre remplirent mon esprit une seconde fois. Elles anéantirent ma force morale et ma force physique. Il ne me resta pas assez d'énergie pour prendre aussitôt des mesures de défense. Ce fut par une impulsion en quelque sorte machinale, et dont j'eus à peine conscience que je tournai la clef et poussai les verroux de la porte de ma chambre. Après avoir élevé cette frêle barrière, je me jetai sur une chaise; je tremblais de tous mes membres, à ce point qu'il ne m'était plus possible de me tenir debout. Toute mon âme fut tellement absorbée par l'action d'écouter, que toutes fonctions vitales s'arrêtèrent un instant.

La porte du rez-de-chaussée tourna lourdement. Elle sembla rester ouverte. Des pas se firent entendre sur le seuil, traversèrent le vestibule et commencèrent à monter l'escalier. Je maudis alors l'imprévoyance qui m'avait empêchée de suivre Carwin, lorsqu'il s'était éloigné et de fermer sur lui la porte d'en bas. N'était-ce pas une preuve que mon bon ange m'avait abandonnée, et cet oubli ne pouvait-il pas rendre à mon persécuteur sa première audace?

Chaque pas sur les marches, en trahissant l'approche du danger, vint augmenter mon désespoir. Il n'était plus possible d'éviter le malheur qui planait sur ma tête depuis si long-temps. Je n'avais guère prévu l'influence d'une position semblable et les résolutions qu'elle me ferait adopter. Vous croirez peut-être que le désespoir raisonne comme le courage, vous penserez qu'il m'était facile de recourir aux meilleurs moyens de défense. Un canif était resté ouvert sur la table ; je m'en souvins et le cherchai dans l'ombre. Lorsque je l'eus trouvé, il me sembla que cette arme suffirait pour repousser une attaque. Mais je ne songeai qu'à tourner le fer contre ma poitrine, lorsque je ne verrais plus d'autre ressource, et ne me promis pas fièrement de le plonger dans le cœur de Carwin. Ah ! que l'esprit de l'homme est faible, variable ! Quelle différence il y avait entre ma conduite de cette nuit et les résolutions belliqueuses dont j'étais si prodigue autrefois ! Je regardais jadis comme une lâcheté pour une femme injuriée, de se défendre par sa propre mort et non par la mort de son agresseur. Il n'était pas possible de délibérer longuement dans la situation où je me trouvais; mais, au milieu des pensées qui m'assaillirent, je ne me souviens pas d'avoir songé à faire de l'instrument que j'avais saisi une arme offensive. Les pas étaient arrivés au premier étage. Le danger approchait d'instant en instant, mais le danger n'était pas encore certain. Je m'applaudis alors d'avoir fermé la porte. Il n'y avait plus que cet obstacle entre moi et de nouveaux périls. Mais je trouvai une espèce de consolation à être défendue par quelque chose. Je tournai mes regards vers la fenêtre. Une autre idée se présenta à mon esprit : je me décidai à fuir en ouvrant la croisée si la porte cédait aux efforts de l'inconnu. Je pouvais me tuer en tombant de si haut sur un pavé de briques; mais je n'y songeai pas.

Les pas cessèrent quand ils furent arrivés

près de ma porte. Carwin écoutait-il afin de connaître ma position et de s'assurer de ma présence? Espérait-il me surprendre? Mais alors, s'il en était ainsi, pourquoi n'avait-il pas évité le bruit qui venait de trahir son approche?

Tout à coup les pas s'avancèrent vers la porte. Une main fut placée sur la serrure et le loquet fut levé. Carwin pouvait-il croire que je serais assez imprudente pour ne pas m'enfermer? Un léger effort fut tenté pour ouvrir, comme si on eût espéré de vaincre la résistance que la porte opposait.

Aussitôt que je compris cette intention, je m'élançai vers la fenêtre. J'ai dit que l'étranger avait une force musculaire excessive. Il en avait donné en plusieurs circonstances des preuves convaincantes. La porte ne pouvait lui résister. Il allait sans doute la mettre en pièces; mais je résolus de fuir par la fenêtre dès l'instant où mon unique sauvegarde me serait enlevée, et où cet homme mettrait le pied dans ma chambre. Je regardais la porte, m'attendant à la voir poussée avec violence ; mais, au contraire, on cessa de l'agiter. La personne qui voulait ouvrir était sans doute irrésolue et immobile.

Soudain j'espérai que mon ennemi allait croire à mon absence, à ma fuite. N'était-il pas, en effet, naturel que j'eusse pris la plus sage résolution? Ne devait-on pas être confirmé dans cette pensée en trouvant la porte d'entrée ouverte et ma chambre close ? Je gardai un profond silence afin d'encourager ainsi une conjecture favorable et d'éloigner Carwin. Après une courte réflexion, ce raisonnement me parut tout à fait plausible. Une circonstance inattendue vint lui donner plus de valeur encore à mes yeux : les pas s'éloignèrent de la porte.

Le sang aussitôt reflua vers mon cœur, et je ne pus me défendre d'une joie presque folle; mais elle fut de bien courte durée. Au lieu de descendre les marches, le personnage invisible se dirigea vers la porte de la chambre en face de la mienne, l'ouvrit, et, quand il fut entré, la poussa derrière lui avec une violence qui ébranla toute la maison.

Comment fallait-il interpréter cet incident? Pourquoi mon ennemi était-il entré dans cette chambre? La violence avec laquelle il avait fermé la porte indiquait-elle la vivacité de son désappointement? Cette chambre était ordinairement occupée par Pleyel; Carwin savait-il donc que ce dernier était absent? Fallait-il attribuer à l'étranger de basses intentions de vol? Dans cette hypothèse, il n'y avait aucun moyen de s'opposer à ce qu'il voulait faire. Il me restait seulement à saisir la première occasion de m'évader qui s'offrirait ; mais si Carwin me croyait déjà partie, je ne pouvais avoir d'asile plus sûr que ma chambre. D'ailleurs, comment eût-il été possible de traverser la maison sans faire de bruit, sans m'exposer à être poursuivie par cet homme ?

Je ne cherchai plus à expliquer son entrée dans la chambre de Pleyel, et attendis avec impatience le moment où il allait en sortir ; mais tout resta dans une profonde immobilité. Je prêtai l'oreille en vain pendant plus d'une heure, croyant à chaque minute entendre le bruit de la porte. On ne pouvait cependant quitter la chambre voisine qu'en sortant par le vestibule, à moins qu'on ne traversât la chambre de la servante. Y avait-il donc quelque chose à craindre pour cette jeune fille ?

Cette dernière pensée donna une nouvelle direction à mes inquiétudes, et ne fit qu'augmenter mon angoisse. Quel que fût le malheur dont Judith était menacée, je ne pouvais la défendre. L'immobilité et le silence étaient les seuls moyens que j'eusse d'éviter encore les dangers de cette nuit fatale. Oh! quels vœux solennels je fis au dedans de moi-même! Avec quel sentiment profond je jurai de ne plus m'exposer à la solitude si je vivais jusqu'au matin!

Les minutes s'écoulèrent ainsi lentement, et aucun bruit ne vint trahir le passage de Carwin dans le corridor. Pour quelle raison, me demandais-je, est-il resté si longtemps dans la chambre de Pleyel? Serait-il possible qu'il en fût sorti et qu'il se fût éloigné sans être entendu? Je connaissais toutes les difficultés qui s'opposaient à une semblable entreprise, et pourtant, comme si elle eût été praticable, je tournai mes regards inquiets vers la fenêtre pour découvrir l'étranger autour de la maison.

La première chose qui frappa mes regards fut un homme debout sur le bord de la rivière. Ma pénétration était sans doute aidée par mes espérances. Quoi qu'il en soit, je distinguai clairement la sombre la figure de Carwin. Il ne pouvait m'apercevoir au milieu de l'obscurité qui m'entourait. Néanmoins, j'eus à peine le temps de jeter un coup d'œil sur lui : il descendit vers la rivière et disparut bientôt.

Ainsi, mes conjectures étaient fondées. Carwin avait ouvert la porte sans bruit; il avait franchi de même l'escalier, et s'était enfui de la maison. Les pas du fugitif avaient échappé sans doute à mon oreille; car mes yeux ne m'avaient pas trompée. Mais que fallait-il faire à présent? La maison était délivrée enfin d'un hôte redoutable. Ne pouvait-il pas y revenir encore? N'était-il pas convenable de fermer la porte d'entrée? Il était peut-être sorti par la cuisine; pour y arriver, il lui avait fallu traverser la chambre de Judith. En condamnant ces avenues, j'assurerais ma position autant que cela était en mon pouvoir.

La convenance de cette mesure était trop manifeste pour que je ne réussisse pas à maîtriser ma frayeur. J'ouvris ma porte avec toutes les précautions possibles, et je descendis l'escalier comme si j'eusse pu craindre que Carwin ne fût resté dans la chambre de Pleyel. La porte de la maison était entr'ouverte : je la fermai avec précipitation, et poussai les verrous en tremblant. Je passai ensuite sur la pointe des pieds à travers le salon; mais je découvris avec surprise que la porte de la cuisine était fermée. Il me fallut revenir à ma première hypothèse, à croire que l'étranger était sorti par le vestibule.

Mon cœur sembla un peu soulagé, ma respiration n'était plus aussi pénible; je retournai dans ma chambre, où je m'enfermai avec soin. Ce n'était plus le moment de songer au sommeil. Le clair de lune commençait à pâlir devant la lumière du jour; les signes habituels annonçaient l'arrivée du matin.

Je passai en revue les événements de la nuit, et pris la résolution de vivre désormais chez mon frère. Il n'était pas bien certain que je dusse l'informer de ce qui s'était passé chez moi; mais une impérieuse nécessité m'ordonnait d'abandonner mon habitation solitaire.

A mesure que mes pensées devinrent plus libres et moins confuses, l'image de Pleyel se présenta plus nettement à mon esprit. Je m'interrogeai de nouveau sur les causes probables de son absence, le jour précédent. Mon âme se laissa aller peu à peu à une profonde mélancolie. Je m'arrêtais avec une obstination que je ne puis comprendre sur l'idée de la mort de notre ami. Il me sembla que je le voyais se débattre au milieu des flots, et je vis même son regard désespéré lorsqu'il parut pour la dernière fois à la surface. Je me figurai ensuite que j'errais sur le rivage à minuit, et que les flots m'apportaient sans cesse un cadavre.

Ces illusions pénibles m'affectèrent jusqu'aux larmes. Je n'essayai point d'arrêter ces pleurs : ils me soulageaient; plus ils coulèrent, plus je sentis que peu à peu le calme renaissait dans tout mon être, et qu'une sorte d'atonie succédait à l'agitation de mes sens.

Le sommeil dont j'avais tant besoin aurait peut-être suivi cette effusion de mes peines, si je n'avais eu tout à coup une nouvelle cause d'alarmes.

J'avais déjà perdu la notion claire et distincte des choses qui m'entouraient, lorsque je fus réveillée en sursaut par un bruit assez fort qui venait évidemment de la chambre voisine. Etait-il possible que je me fusse trompée en prenant pour Carwin la personne que j'avais entrevue sur le bord de la rivière? Cet homme était-il rentré dans la maison par quelque voie dérobée? La porte opposée à la mienne s'ouvrit. Des pas se firent entendre, et quelqu'un, s'arrêtant à ma porte, frappa légèrement.

Une circonstance si imprévue m'ôta toute ma présence d'esprit. Je m'écriai sans le vouloir : — Qui est là? On me répondit à l'instant même, et, à ma grande surprise, ce fut la voix de Pleyel.

— C'est moi. Etes-vous levée? Si vous ne l'êtes pas, dépêchez-vous. Je désire quelques minutes de conversation avec vous dans le salon. Je vais vous y attendre.

Après avoir parlé ainsi, Pleyel s'éloigna de la porte.

Devais-je en croire le témoignage de mes

oreilles? S'il était digne de foi, c'était donc Pleyel qui avait été renfermé jusqu'alors dans la chambre voisine ; c'était notre ami que ma folle imagination s'était obstinée à regarder comme un odieux adversaire et dont j'avais entendu les pas avec tant d'inquiétude. Que l'homme est peu de chose ! Son cœur est désolé par l'épouvante, son corps palpite de frayeur, quoique des murs impénétrables le défendent. J'avais près de moi un gardien à toute épreuve, et ce voisinage n'avait été qu'une source de terreurs.

Qui pouvait imaginer le retour de Pleyel à une heure semblable? Sa voix était triste et inquiète. Pourquoi me demandait-il un entretien avec tant de solennité? Aurait-il de mauvaises nouvelles à m'apprendre?

Mon impatience ne me laissa pas beaucoup de temps pour réfléchir. Je descendis à la hâte et trouvai Pleyel debout près d'une fenêtre, les yeux fixes, les bras croisés sur la poitrine, dans l'attitude de la méditation. Chaque trait de son visage trahissait une douleur profonde. Il faut ajouter à cela une pâleur et une fatigue apparente, qui n'étaient pas habituelles à notre ami. Je tressaillis à la vue de ce changement. Ma première pensée fut d'en demander la cause ; mais je reculai devant un sentiment de honte qui s'empara de moi. Je reconnus aussitôt que l'amour avait une trop grande part et peut-être une part trop visible dans cette curiosité. Je restai silencieuse.

Pleyel, quand je fus arrivée auprès de lui, leva les yeux sur moi. Je lus dans son regard une tristesse ineffable. C'était la première fois que je voyais une expression pareille dans sa physionomie. Je n'avais même jamais vu le chagrin plus clairement exprimé sur une figure humaine. Pleyel fit un effort pour m'adresser la parole, mais inutilement. Il secoua la tête et la détourna.

Mes inquiétudes ne me permirent pas un plus long silence. — Au nom du Ciel, m'écriai-je, mon ami, qu'y a-t-il ?

Il frémit au son de ma voix. Sa bouche réprima un mouvement convulsif. Ses regards semblèrent étinceler. On n'y lisait plus la tristresse, et une colère mal contenue éclatait dans ses accents lorsqu'il me répondit :

— Ce qu'il y a !... Malheureuse !... Si belle !... Une femme que la nature a parée de toutes ses grâces !... Tant de charmes ! des yeux si purs !... Tomber si bas ! et de si haut !... Quelle étrange infortune !

Ces paroles étaient entrecoupées et sans suite. La douleur et la pitié reparurent sur son visage, et il reprit, d'une voix presque étouffée par les sanglots :

— Mais pourquoi te ferais-je des reproches ? Puis-je te rendre ce que tu as perdu, effacer une tache maudite et t'arracher à ce démon ? Je le voudrais ! mais à quoi serviraient mes efforts ? Je ne puis lutter à armes égales contre une si hideuse dépravation.

Oh ! pourquoi ne m'a-t-il pas été permis d'avoir un seul doute ? Si l'on eût osé me dire ce que j'ai vu, on n'aurait éveillé que ma colère ou mon dédain. Que dis-je ? le malheureux dont le souffle aurait voulu ternir ton honneur m'aurait inspiré une pitié profonde. Il m'eût semblé atteint de quelque folie. Mais, hélas ! j'ai vu de mes yeux, j'ai entendu de mes oreilles, je suis mon témoin à moi-même, et je dois foi à ce témoignage, puisque je l'ai payé de mon bonheur.

Pourquoi t'ai-je demandé cet entretien ? Pourquoi m'exposer à tes railleries ? Les prières, les remontrances ne sont-elles pas superflues maintenant ? Tu le connais déjà, cet homme, pour un voleur et un meurtrier. J'espérais être le premier à te découvrir son infamie, à te garantir des piéges qu'il a semés sur tes pas. Mais tes yeux se sont ouverts en vain : ta raison a suivi ton cœur.

Allons ! je n'ai plus qu'un devoir à remplir. Je sais que vous devez partir ensemble. As-tu bien compté les victimes que tu vas faire ? Qu'importe, n'est-ce pas ? pourvu que tu sois heureuse. Mais les autres, le seront-ils ? Tu ne vois plus que lui seul au monde ; les autres ne sont rien pour toi. Eh bien ! puisque tu l'aimes, je dois le sauver. Tu le reverras bientôt dans quelque rendez-vous nocturne. Apprends-lui quels dangers l'attendent. Dis-lui qu'on a découvert sa retraite, que ses crimes sont connus ; dis-lui qu'il ne peut reposer sa tête dans la province, et qu'il s'enfuie bien loin, sans perdre une heure, à moins qu'il ne veuille subir le sort qui le menaçait en Irlande.

« Clara, le suivras-tu !... Peut-être !... Oh ! pourquoi suis-je faible ? Pourquoi voudrais-je parler encore ? Il me semble que j'ai accompli mon dessein, que j'ai fait mon devoir. A quoi me servirait-il de rester plus longtemps, de prier, de supplier, de te faire comprendre les suites de ta faute ?... Adieu ! Mais pourtant souviens-toi, s'il n'est pas trop tard, souviens-toi que tu avais une famille. Pense à l'infâme caractère du misérable à qui tu as livré ton honneur. Insensé que je suis ! à quoi bon ces vaines paroles ? N'es-tu pas la plus perfide des femmes, et tout n'est-il pas consommé ! »

En disant ces mots, Pleyel me quitta brusquement. Je le vis bientôt suivre à grands pas le sentier qui conduisait chez mon frère. Il n'était pas en ma puissance de prévenir ce départ, de rappeler notre ami ou de le suivre. Les paroles que je venais d'entendre m'avaient fait éprouver un saisissement qu'il me fut impossible de vaincre au premier abord. Dans ma surprise, je portai mes regards autour de moi pour me convaincre de la réalité de la scène. Je fis même quelques pas, afin de bannir le doute à cet égard et de m'assurer que ce n'était point un rêve. Fallait-il donc croire que de semblables calomnies étaient sorties de la bouche de Pleyel, accepter, comme venant de lui, ces injures grossières et flétrissantes? Avait-il pu m'accuser d'avoir perdu l'honneur et d'accorder des rendez-vous nocturnes à un criminel.

Ce que j'avais entendu, était sans doute l'œuvre du délire ou le résultat de quelque fatale méprise. Après les angoisses de la nuit et les terribles menaces de Carwin, n'était-ce pas le comble du malheur que d'entendre Pleyel me reprocher de m'être avilie, d'avoir sacrifié mon cœur, mon nom sans tache, mes amis et ma fortune précisément à l'homme que je haïssais le plus, et dont j'aurais évité les caresses par tous les moyens, par la mort même si elle eût été nécessaire ?

Quelle raison pouvait-il se donner pour justifier une telle opinion ? Après la scène de la nuit, où j'avais joué un rôle si involontaire, Carwin s'était éloigné. Pleyel l'aurait-il vu sortir ? Notre ami, en effet, n'avait pas tardé à rentrer dans sa chambre. Était-ce donc sur cette circonstance qu'il fondait les plus odieux soupçons ? Mes antécédents n'avaient-ils pu me protéger dans la pensée de mon juge contre une preuve si légère ? N'eût-il pas été plus juste, en ce cas, d'admettre que ma vie elle-même avait été menacée par Carwin, par cet homme qu'il regardait comme un meurtrier, et que mon honneur avait succombé à la violence plutôt qu'à une honteuse faiblesse ?

Pleyel m'a jugée sans m'entendre. Il n'a pas reculé devant les plus cruelles suppositions.

Il m'a chargée des épithètes les plus outrageantes. Il m'a fait descendre au rang des femmes perdues. Il m'a associée à un être que le monde réprouve. Je ne puis te pardonner, Pleyel, je ne puis te pardonner ton injustice. Ta conduite est le résultat d'une froide et mûre délibération. Je n'oublierai jamais un outrage si grossier, une injure si lâche.

Ces idées firent cependant place à d'autres moins violentes. Pleyel me sembla dominé par une folie passagère. Des apparences trompeuses l'avaient séduit. Quelle passion fatale avait pu lui mettre ce bandeau sur les yeux ? Était-ce l'amour ? Notre ami me soupçonnait un penchant pour Carwin. Peut-être était-ce une inspiration de jalousie qui l'avait amené chez moi à cette heure indue, le cœur gros de funestes pressentiments. Dans son inquiétude, il avait pris des fantômes pour des réalités, parce qu'il écoutait ses craintes plutôt que ses espérances.

— Je dois avouer que cette pensée fut consolante pour moi. Si mon esprit s'offensait de l'injustice de Pleyel, mon cœur la pardonnait aisément, ayant égard à la cause qui l'avait produite. Je m'abandonnai à cette indulgence. L'étonnement fait toujours éprouver une lassitude qui énerve. Depuis l'exclamation de la voix mystérieuse, j'avais passé de surprise en surprise. La dernière était sans aucun doute la plus étrange, la moins attendue. Elle fit presque oublier les autres. Elle s'empara de mon âme à ce point, qu'il me fut impossible d'en détourner ma pensée en évoquant mes souvenirs.

— J'arrivai peu à peu à réfléchir sur les conséquences de l'erreur de Pleyel et sur les mesures que je devais prendre pour éviter les poursuites de Carwin.

Fallait-il laisser au temps ma justification ? Notre ami ne reviendrait-il pas lui-même de ses soupçons mal fondés, et ne me rendrait-il pas justice ? Devais-je craindre que son amour ne survécût pas à cet orage ? Convenait-il à mon caractère de manifester du ressentiment pour un langage si odieux ? Ne valait-il pas mieux me renfermer dans mon innocence, et me fier sans détour à la bonté de ma cause ? Il me sembla que mon devoir se bornait à attendre en silence, avec résignation, des jours meilleurs et l'accomplissement des rêves que je faisais la veille encore.

Quant aux violences que je pouvais craindre de la part de l'étranger, le doute n'était guère possible. Ma conduite était simple et tracée d'avance ; je résolus de raconter à mon frère tout ce qui s'était passé et de suivre en tout ses conseils. Je me dirigeai vers sa maison aussitôt que l'heure me parut convenable. Catherine, à mon arrivée, était tout entière aux soins du ménage. Dès qu'elle m'aperçut, elle remarqua une grande altération sur mon visage. Je ne voulus pas l'effrayer en la prenant pour confidente : elle n'avait pas une santé assez forte pour soutenir impunément les émotions d'une telle histoire. J'éludai la réponse précise à ses questions, et je manifestai le désir de parler à Wieland.

— Pourquoi ? me dit-elle. Je crains bien que quelque événement fâcheux ne soit arrivé ce matin. Nous étions à peine levés, lorsque nous avons vu Pleyel accourir. Je ne sais pas à quelle circonstance nous devons cette visite matinale. A en croire le désordre de ses vêtements et de sa physionomie, quelque chose d'extraordinaire a eu lieu. Il m'a seulement avoué qu'il n'avait pas dormi, et ne s'était même pas déshabillé la nuit précédente. Puis il s'est emparé de votre frère, et ils sont sortis ensemble. Leur conversation a été longue et importante, car Wieland n'est revenu qu'après l'heure du déjeuner. Il est revenu seul. Son agitation était visible ; mais il n'a point voulu satisfaire ma curiosité et me dire ce qu'il venait d'apprendre. J'ai compris seulement, par quelques mots qu'il a laissés échapper, que vous y étiez pour quelque chose. Alors j'ai redoublé mes questions ; j'ai voulu savoir où vous étiez, ce qui vous était arrivé, quand je vous reverrais. Il m'a répondu que vous n'aviez pas quitté votre maison ; que vous n'aviez couru aucun danger, et que je n'avais pas à craindre pour votre vie. Ensuite, après avoir mangé un morceau à la hâte, sans m'adresser la parole, il est sorti de nouveau. Il n'a pas voulu me répondre lorsque je lui ai demandé où il allait.

Je fus aussi alarmée que surprise en apprenant toutes ces circonstances. Pleyel avait donc raconté sa prétendue découverte à mon frère, et je n'avais pu me défendre. Quelles suites pouvait avoir cette accusation? Wieland partagerait-il le sentiment de son ami? Sa haute raison ne s'opposerait-elle pas à des conjectures si hasardées? Le récit de Pleyel pouvait avoir un résultat favorable, puisque mon frère serait disposé d'avance à écouter mes craintes, et surtout à ne pas attribuer mes nouvelles terreurs à une cause imaginaire. Il avait peut-être déjà conçu des inquiétudes bien naturelles en apprenant que l'étranger s'était glissé dans l'ombre jusque chez moi.

Telles furent les pensées qui m'assaillirent. J'étais impatiente de connaître les véritables dispositions de mon frère. Il fallait absolument que j'eusse avec lui une entrevue. Wieland était sorti; personne ne pouvait me dire quelle route il avait prise, et on ne l'attendait pas de sitôt. Je n'avais aucun indice pour diriger mes recherches.

Il me fut impossible de cacher mon embarras et mon impatience à Catherine. Elle conçut un plus vif désir d'avoir l'explication de tout ce mystère ; mais je devais garder le silence pour plusieurs raisons ; c'eût été un acte d'imprudence inexcusable de divulguer les événements de cette nuit avant d'avoir vu mon frère. Il ne se présenta pas à mon esprit d'autres expédients pour éluder les réponses de ma sœur que de retourner chez moi. Je me souvins que j'avais l'intention d'habiter sous le toit de Wieland, et j'en parlai aussitôt à Catherine. Elle accueillit cette proposition avec joie, et opposa moins de résistance à mon départ lorsque je lui fis entendre que je m'éloignais pour faire transporter dans mon nouveau domicile les objets qui m'étaient le plus nécessaires.

Je retournai donc encore une fois vers cette maison où j'avais couru de si grands dangers et subi tant d'émotions diverses. Je n'en étais pas à une grande distance, lorsque j'en vis sortir mon frère. En m'apercevant, il s'arrêta, et après s'être assuré, à ce qu'il parut, du chemin que je suivais, il rentra dans la maison. Je me réjouis sincèrement de cette rencontre, et hâtai le pas, afin de provoquer le plus tôt possible un entretien qui intéressait mon honneur et toutes mes affections.

Wieland me sembla aussi tourmenté que Pleyel. Il avait le front soucieux et s'aperçut à peine de ma présence, quoiqu'il m'attendît. Je ne me laissai pas intimider par cet abord austère, et pris la parole en ces termes :

— Je viens de chez vous; j'ai appris par votre femme que Pleyel vous avait emmené pour quelque affaire importante. Avant son entrevue avec vous, il a passé quelques minutes auprès de moi. Ce court espace de temps lui a suffi pour me reprocher des intentions, des crimes dont je suis innocente. Je n'ai pas besoin de vous dire que son injustice ne repose sur aucun fondement. Qu'il m'accuse, s'il l'ose encore, je ne lui répondrai que par le mépris. Je crains seulement qu'il n'ait prévenu mon frère contre moi. C'est là un malheur que je veux conjurer par tous les moyens qui sont en ma puissance. Veuillez me répondre : Avez-vous parlé de moi dans votre conversation de ce matin ?

Mon frère ne témoigna aucune surprise à cette demande; ses regards ne perdirent rien de leur douceur accoutumée.

— Il est vrai, répondit-il, que votre conduite a fait le sujet de notre entretien. Je suis votre ami aussi bien que votre frère; il n'y a personne dans le monde que j'aime plus tendrement que vous et dont le bonheur me soit plus cher. Jugez avec quelle émotion j'ai entendu le récit de Pleyel. Je vous écoute, Justifiez-vous..... si votre justification est possible.

Le ton avec lequel il prononça ces derniers mots m'affecta vivement. — Si ma justification est possible ! m'écriai-je. Comment pouvez-vous croire que j'aie besoin de me justifier ? Avez-vous eu un instant la pensée que j'étais coupable ?

Il secoua la tête d'un air pénétré. — J'ai lutté, dit-il, avant de croire. Vous parlez à un juge qui n'attend qu'un prétexte pour vous absoudre, et qui douterait presque de ses sens lorsqu'ils plaident contre vous.

Ces paroles me firent soupçonner que Pleyel avait fondé son accusation sur des faits qui ne m'étaient pas connus. — J'ignore ce qui vous a séduit, répliquai-je à Wieland. Pleyel m'a chargée des injures les plus grossières, mais il ne m'en a point expliqué la cause.

Des choses étranges se sont passées la nuit dernière; quelques-unes, je l'avoue, avaient une apparence équivoque. J'ai bien compris qu'elles avaient pu être découvertes, et qu'en les observant à travers le voile des préjugés et des passions, on pouvait y voir une accusation formelle contre moi. Mais j'espérais en même temps que votre saine et droite raison réduirait ces témoignages captieux à leur juste valeur. Le récit de Pleyel n'a peut-être pas été aussi conforme à la vérité qu'il aurait dû l'être. Ecoutez le mien. Tout ce qui le contredirait dans ce qu'on vous a raconté est faux, absolument faux.

J'énumérai alors tous les incidents de la nuit passée. Wieland m'écouta avec beaucoup d'attention. Lorsque j'eus fini cette pénible histoire, je dis encore à mon frère : — Voilà toute la vérité. Vous savez maintenant les moindres circonstances de mon entrevue avec

Carwin. Il est resté pendant trois ou quatre heures dans mon cabinet, et pendant quelques minutes dans ma chambre. Il est parti sans hâte, sans crainte d'être découvert. Si Pleyel l'a vu sortir de la maison, et c'est une chose probable, des doutes injurieux ont pu s'élever dans la pensée de notre ami. En les admettant, comme il l'a fait, sans réserve, il a perdu à mes yeux tous les droits que lui donnaient sa candeur et son discernement habituels.

— Les preuves qu'il apporte, répondit Wieland après un long silence, sont bien différentes. Il est impossible qu'il se soit trompé. Je ne puis l'accuser de mensonge, tant que son témoignage n'est pas contredit par le vôtre. Ce que vous m'avez raconté tient du prodige. Je crois néanmoins à cette voix qui vous a défendu d'ouvrir le cabinet, à votre persistance après l'avertissement du Ciel, à cette étrange fantaisie de me supposer derrière la porte, enfin à tout ce que vous affirmez. J'y crois parce que je vous connais depuis l'enfance, parce que votre amour pour la vérité ne s'est jamais démenti, et que je ne puis me résoudre à accuser ma sœur d'une honteuse faiblesse, tant que ma sœur ne s'avoue pas elle-même coupable.

Je l'entourai de mes bras, et baignai ses joues de mes larmes en disant : — C'est là parler comme mon frère. Théodore, mais quelles sont donc ces preuves?

Wieland répondit : — Pleyel m'a raconté qu'il rentrait chez vous au milieu de la nuit, lorsque son attention fut tout à coup éveillée par le bruit de deux voix. Les personnes qui parlaient étaient assises sur le bord de la rivière. Il ne put les apercevoir. Elles étaient protégées par un tertre assez haut. Quoi qu'il en soit, il reconnut la voix de Carwin et la vôtre. Je ne vous redirai pas le dialogue qu'il entendit. Si ma sœur y a joué un rôle véritable, Pleyel a eu raison d'en conclure que vous êtes la plus perfide des femmes. De là viennent ses reproches, de là ses efforts pour obtenir de moi que je l'aidasse à vous sauver de cet homme.

Je priai Wieland de me répéter une seconde fois ce récit incompréhensible. C'était une histoire de funèbre augure. J'avais déjà éprouvé que les portes et les verrous n'étaient pas des gardiens fidèles contre les tentatives de Carwin. Désormais j'étais à sa merci. L'heure, le lieu, mon courage, tout cela n'était rien. Il disposait de moi à son gré. Il m'accablait d'épouvante lorsque j'étais en sa présence, et ruinait ma réputation de fond en comble lorsque je croyais n'avoir plus rien à craindre. Comment déjouer ses projets et découvrir ses complices ? Il a appris sans doute à quelque malheureuse femme l'art d'imiter ma voix. Pleyel a été le témoin d'une scène infâme où l'on jouait mon déshonneur. C'était là sans doute le rendez-vous nocturne auquel il faisait allusion. Il m'a crue absente lorsqu'il a vainement essayé d'ouvrir ma porte; et si ma chambre eût été accessible, il aurait peut-être craint d'y entrer, de peur de se rendre le doute impossible.

Notre ami avait gagné beaucoup à mes yeux dans l'explication que je venais de recevoir. Je ne pus me défendre d'un sentiment de gratitude en voyant la sincérité de sa douleur, la violence de son désespoir. Il avait agi pourtant avec trop de précipitation. Était-il donc si déraisonnable de supposer qu'on avait imité ma voix? Les exemples d'une fourberie pareille ne sont point rares. La dépravation de Carwin ne rendait-elle pas cette conjecture très-plausible? Pourquoi supposer de préférence ma culpabilité?

Et maintenant de quelle manière ferais-je tomber le voile qui couvrait les yeux de Pleyel ? Je n'avais que ma propre affirmation à jeter dans la balance. Suffirait-elle pour infirmer dans son esprit l'attestation de ses sens ? Je n'avais aucun témoin qui prouvât que je fusse ailleurs. Les événements de cette nuit ont un caractère mystérieux qui n'est pas fait pour les rendre croyables. Pleyel est sceptique au plus haut degré. Je ne puis appeler Carwin en témoignage, lui faire avouer mon innocence, et le rendre son propre accusateur.

Mon frère vit ma détresse et la comprit aisément. Il n'en connaissait pas néanmoins toute l'étendue. Il ne savait pas davantage quels puissants motifs j'avais de conserver la bonne opinion de Pleyel. Il essaya de me consoler. Quelque nouvel incident, me dit-il, viendra dissiper tous ces nuages. Il ne mettait pas en question le pouvoir de mon éloquence. Pourquoi ne pas chercher une entrevue avec Pleyel, et exiger de lui un récit détaillé, dans lequel on trouverait sans doute plus d'éléments qu'il n'en faut pour anéantir les soupçons de notre ami?

Je saisis avec empressement l'espoir que me donnait mon frère. Mais l'allégresse que j'éprouvai ne dura pas longtemps. Fallait-il donc que je descendisse, malgré mon innocence, au rôle d'accusée? Fallait-il reconnaître Pleyel comme un juge compétent et exposer mon bonheur aux chances d'un verdict passionné?

— S'il vous paraît convenable d'avoir une entrevue, ajouta Wieland, ne perdez pas de temps, car Pleyel m'a confié son intention de partir ce soir ou demain pour un long voyage.

Je ne m'attendais guère à cette malheureuse nouvelle. Je fus obligée de m'asseoir, tant la secousse fut violente. Mais bientôt je fus debout, et m'écriai : — Grand Dieu! que dites-vous là? un voyage!... Où? quand?

— Je ne connais pas le but. C'est une résolution soudaine qu'il a prise; je n'en avais pas entendu parler jusqu'à ce matin. Il a promis de m'écrire aussitôt qu'il serait arrivé.

Je n'avais pas besoin d'en savoir davantage sur la cause de ce départ précipité. Le rêve de bonheur auquel il avait confié son avenir était anéanti par sa découverte de ma prétendue liaison avec Carwin. Il ne voulait pas que son amour survécût à ses espérances. J'en aimais un autre et je n'étais plus digne d'une affection fraternelle. Il s'éloignait donc afin de se préserver d'une passion malheureuse et d'éviter le spectacle de mes faiblesses. Etait-ce bien possible ! Pleyel allait me quitter pour toujours, parce que j'avais été indifférente avec lui, parce que j'avais abandonné mon cœur à un aventurier! Il allait me quitter et mon âme lui appartenait tout entière; mon cœur ne battait qu'en pensant à lui, et ma vie était entre ses mains.

Je me rappelai bientôt que ce malheur n'était pas accompli, et que je pouvais prévenir ce fatal voyage. Il n'y avait pas d'inconvénient à ce que je fisse moi-même une visite à Pleyel. D'ailleurs, je croyais cette démarche nécessaire; je ne craignais qu'une chose, c'était d'arriver trop tard. Mon frère favorisa mon impatience, et consentit volontiers à me prêter sa carriole et un domestique. J'avais l'intention de me diriger vers la ferme de Pleyel, où ses affaires le retenaient pendant le jour.

## XII

Il fallait, comme je l'ai dit ailleurs, traverser la ville pour se rendre chez Pleyel. J'étais à peine entrée dans le faubourg, que j'éprouvai un malaise général. Tous les objets devinrent confus et semblèrent tourner devant moi. J'eus besoin de toute la force de ma volonté pour ne pas tomber au fond de la voiture. Je me fis conduire chez madame Baynton, dans l'espoir qu'un moment de repos me rendrait le calme et la force dont j'avais besoin. Mes inquiétudes ne me permirent pas de m'arrêter longtemps. Aussitôt que je fus revenue à moi, je me remis en route.

Une seule pensée remplissait toute mon âme. Je n'osais presque pas croire au succès de ma démarche. Ma dernière espérance allait peut-être s'évanouir, car mon sort dépendait de l'inspiration du moment et des armes que Pleyel me donnerait contre lui-même. A l'idée qu'il fallait me défendre contre une accusation si odieuse, je sentais mon cœur s'enfler de colère. Il me semblait ensuite que la justice de ma cause me rendrait aisément victorieuse, et j'étais certaine de trouver des paroles éloquentes pour venger mon innocence.

Qu'il s'est passé de choses en quelques heures! Hier encore, j'étais pour notre ami la plus pure, la meilleure des femmes; il répétait mon nom avec une sorte de piété respectueuse; aujourd'hui me voilà devenue l'objet de sa haine! Il a brisé l'idole qu'il adorait, et pourtant je suis la même qu'hier, pourtant je n'ai pas cessé de mériter son estime! Il y a un degré de corruption qu'il me semble impossible d'atteindre, et l'on m'accuse d'y être tombée, et je dois ces soupçons injurieux au compagnon de mon enfance, au témoin habituel de mes actions, à un homme à qui j'ai donné mon cœur et qui m'a donné le sien! Je ne suis plus pour lui que la complice d'un meurtrier et l'amante d'un vagabond!

On n'arrive pas à une telle opinion avant d'avoir lutté contre soi-même. Quelles preuves irrécusables avait donc Pleyel pour que son amour succombât? Il a entendu, je veux le croire, une voix semblable à la mienne. La différence entre les sentiments qu'elle exprimait et ceux que j'ai toujours montrés ne devait-elle pas inspirer des doutes favorables à mon honneur? Peut-être. En me supposant moi-même à la place de notre ami, je sens que la passion ne m'aurait pas laissé le temps de réfléchir, et que j'aurais condamné Pleyel en entendant sa voix. Mais il me semble qu'après un premier accès de jalousie, un examen plus attentif m'aurait fait trouver mille raisons pour défendre la personne que j'aimais. Ne pouvait-on pas admettre une erreur passagère, une fourberie habile? Que sais-je? Hélas! il m'était réservé d'avoir un juge inexorable!

Mais quels sont donc tes desseins, homme de malheur? Après avoir échoué dans ta première tentative, oseras-tu poursuivre ta victime? Il ne te restait qu'à ruiner ma réputation après avoir détruit mon repos. Pourquoi mon ange gardien m'a-t-il abandonnée? Je n'ose espérer que Pleyel revienne de son erreur, et, quand il en reviendrait, borneras-tu là tes manœuvres? Ton intelligence diabolique ne t'ouvrira-t-elle pas une autre route vers le but que tu veux atteindre?

Oh! non! non! je ne veux pas entrer en lice avec toi! Plût au Ciel que je pusse conjurer ta vengeance par mes prières, par mes larmes! Quand je songe à toutes les ressources que t'a prodiguées la nature, à la puissance de tes organes, à ce pouvoir magnétique de ton regard, à l'activité de ton âme, à l'énergie de ta volonté, je sens que mon sort est entre tes mains. Une pauvre femme n'est rien devant toi : un souffle, un geste, un coup d'œil te suffiraient pour me renverser à tes pieds et me faire attendre la mort comme un bienfait. Tu disposes de moi comme d'une esclave, même lorsque je ne suis plus en ta présence.

La tête remplie de ces pensées, j'arrivai à la maison de Pleyel, vers la fin du jour. Un mois auparavant, j'avais suivi la même route, mais quelle différence ! Maintenant je vais revoir une personne qui me regarde comme une femme indigne d'être aimée. Je vais plaider la cause de mon innocence contre le témoignage le plus authentique, le moins contestable qu'on puisse invoquer à l'appui d'une affirmation humaine. Plus l'instant de la crise approcha, plus je sentis ma confiance disparaître. Lorsque la voiture s'arrêta à la porte, mes forces m'abandonnèrent et je me laissai aller dans les bras d'une ancienne domestique de la maison. Je n'eus pas le courage de m'informer si son maître était chez lui. J'avais peur d'apprendre que le voyage en question était commencé. Elle dissipa mes craintes en me demandant s'il fallait appeler

M. Pleyel qui venait de se retirer dans sa chambre. Je me sentis ranimée par cette heureuse nouvelle et résolus de le voir à l'instant.

Dans le trouble de mon esprit, je négligeai de frapper à la porte, j'entrai dans l'appartement sans que rien m'annonçât. Cette précipitation était involontaire ; dominée par l'importance de notre entrevue, je n'avais pas le loisir de songer aux règles de l'étiquette. Je découvris Pleyel debout, le dos tourné vers l'entrée. Une petite malle était ouverte devant lui, et il semblait y arranger ses vêtements. Au moment où je mis le pied dans la chambre, il avait suspendu ses préparatifs de départ et regardait quelque chose qu'il tenait à la main.

Je crus avoir deviné cette scène. L'image qui absorbait si profondément toute son attention me parut être la mienne, sans aucun doute. Ces apprêts de voyage, la cause de notre séparation, l'incertitude de mon succès dans la démarche que j'allais faire, se présentèrent de nouveau à ma pensée, et je versai des larmes abondantes.

Eveillé par mes sanglots, Pleyel laissa tomber le couvercle de la malle et se retourna. La profonde tristesse qui couvrait son visage fit place à la plus vive surprise. Voyant que je pouvais à peine me soutenir, il s'approcha de moi sans parler et me reçut dans ses bras. La bienveillance, la tendresse de ce mouvement redoubla mes pleurs.

Les larmes n'étaient pas encore une habitude pour moi. Celles que je répandis alors me semblèrent délicieuses. L'indignation n'était plus visible sur les traits de mon ami. Il me regardait avec un mélange d'étonnement et de pitié. J'interprétai sans peine cette double expression. Ma visite, mes larmes étaient aux yeux de Pleyel des gages de repentir. La malheureuse dont le sort lui avait paru désespéré, et qu'il s'efforçait de haïr, venait avouer ses fautes, et il ne pourrait plus bientôt que la plaindre.

"Il n'y avait pas là de quoi me rendre le courage qui m'était si nécessaire. Je fus obligée de voir dans cette circonstance une preuve évidente de la difficulté de ma tâche. Nous gardâmes tous les deux le silence. J'étais moins disposée que jamais à parler, et d'ailleurs je ne m'en sentais point la force. Mon premier effort se borna simplement à me dégager des bras de Pleyel et à me jeter sur un sofa. Pleyel s'assit à mon côté et sembla attendre avec autant d'inquiétude que d'impatience le commencement de la conversation. Que pouvais-je dire? Si mon esprit m'eût suggéré quelque pensée convenable, mes larmes auraient étouffé mes paroles.

Quant à lui, ce fut d'abord en vain qu'il essaya de parler. On voyait que des sentiments contraires s'agitaient en lui, et que les mots lui manquaient pour les rendre. Il dit enfin d'une voix émue :

— O mon amie !.... Que ne puis-je vous donner encore ce nom si doux ! L'ange qui régnait sur mon cœur n'existe donc que dans mon imagination. Mais puisqu'il faut renoncer à mon plus beau rêve, je suis encore heureux de voir que notre famille ne sera pas désolée par la fuite honteuse de l'un de ses membres. Le repentir efface toutes les fautes, s'il ne ramène pas les illusions perdues.

Je vous croyais sage et parfaite entre toutes les femmes. Vous ne disiez pas une parole, vous ne laissiez pas tomber un regard, sans que je visse dans ce regard, dans cette parole, une raison sublime, une pureté ineffable. Il était impossible que vous oubliassiez les conseils de la vertu. J'ai eu tort en désespérant de vous. Mais pardonnez-moi; je n'ai écouté d'abord que la voix d'une passion insensée, et maintenant je sais à quoi m'en tenir. Avec un noble cœur comme le vôtre, il ne faut jamais perdre l'espoir de la guérison.

Mais vous ne me rendez pas le bonheur en m'apprenant que vous avez arraché votre âme à l'esclavage. Vos amis béniront le Ciel. Hélas ! moi, que puis-je faire ?

A ces mots, toute ma patience m'abandonna. J'oubliai un instant l'évidence des preuves que Pleyel avait en son pouvoir, la bienveillance de ses reproches et la douleur qui éclatait dans les accents de sa voix. Je ne songeai plus qu'à l'horrible accusation qui pesait sur ma tête. Je me jetai en arrière et lançai sur lui un regard de colère et de dédain. L'indignation me fit trouver des paroles.

— Quelle folle confiance m'a amenée dans

cette maison ! Pourquoi souffrir plus longtemps de semblables injures ? Mon crime n'existe que dans votre pensée malade. Vous vous êtes ligué avec le misérable qui deux fois a menacé mes jours ; vous avez juré la perte de mon repos et de mon honneur. Je suis une infâme d'écouter vos lâches calomnies.

Pleyel entendit ces paroles sans montrer le moindre ressentiment. Son visage redevint sombre comme auparavant ; mais ses yeux ne se tournèrent pas même vers moi. Bientôt les sentiments qu'avait refoulés ma colère reprirent le dessus et je fondis en larmes.

— Oh ! m'écriai-je d'une voix entrecoupée de sanglots, quelle tâche est la mienne ! Être ainsi forcée de me débattre sous une accusation que je sais fausse, mais qui est soutenue avec conviction par celui qui l'a portée ; contre une accusation enfin qui, bien que trompeuse, a toutes les apparences de la vérité.

Je ne suis pas venue ici pour avouer une faute, mais pour me justifier. Je connais votre opinion et les faits qui ont rendu ma défense presque impossible. Wieland m'a tout raconté. Vos soupçons n'honorent pas votre cœur ; ils ne font pas l'éloge de votre esprit. Quoi ! ma vie entière, mes conversations, mes lettres ne m'ont pas défendue ! Il y a quelques jours, mes lèvres ne prononçaient pas une parole, ma plume ne traçait pas une pensée qui ne révélât une sagesse profonde. Vous me le disiez du moins ; et tout à coup cette sagesse a fait place à une profonde dépravation. Je suis mise par vous au rang des femmes perdues.

Et où sont donc les preuves de cette perversité ? Vous avez entendu au milieu de la nuit une conversation d'amour ; deux voix ont frappé votre oreille, et vous avez cru reconnaître ma voix. Fallait-il autre chose, pour vous détromper, que les sentiments exprimés par ces lèvres impures ? Ne pouviez-vous soupçonner une ressemblance accidentelle ? Non ! ma conduite jusqu'à ce moment fatal n'a pu me protéger dans la pensée d'un ami ! Je suis devenue l'esclave d'un meurtrier, la plus basse des créatures, lorsqu'il était si facile de supposer ma voix contrefaite par quelque étrangère.

Vous avez été prompt à me condamner ! Au lieu de vous précipiter sur les imposteurs et d'en appeler à vos yeux du témoignage de vos oreilles, vous êtes resté immobile ou vous avez pris la fuite. Je n'aurais pas besoin de combattre encore pour mon innocence si vous aviez fait votre devoir, si vous étiez allé, sans attendre qu'il fût trop tard, demander raison à Carwin de son audace et de son bonheur. Pourquoi n'avez-vous pas agi comme vous le deviez ? Je m'attendais à autre chose de la part de Pleyel, et je n'aurais pu croire qu'un jour il m'imputerait le crime le plus révoltant, qu'il associerait mon nom à celui d'un misérable, et ruinerait ma félicité pour toujours.

Les sanglots qui étouffèrent ma voix ne me permirent pas de poursuivre.

Pleyel fut d'abord ému. Il me regarda d'un air inquiet, ensuite avec une expression de doute, mais il reprit bientôt un aspect triste et solennel. Il fixa les yeux sur le parquet en prenant l'attitude de la rêverie, et parla en ces termes :

—Dans deux heures je serai parti. Emporterai-je avec moi le chagrin qui est entré dans mon âme et que j'y garde comme un hôte bien venu, ou faudra-t-il que je me résigne à une plus grande souffrance? Est-ce bien ELLE qui me parle? Chacune de ses paroles me fait souvenir de ce dialogue maudit, et pourtant je ne puis la croire tombée comme les plus malheureuses créatures. Ses larmes ont rendu quelque espérance à mon cœur. Mais je ne puis entendre sa voix.

En achevant ces mots, il me regarda, et tous les muscles de son visage tremblaient. Il me dit ensuite d'un ton sourd et violent :

— Vous savez que j'ai été le témoin de votre entrevue, et vous m'accusez d'injustice? Vous pouvez me regarder en face et dire que je me suis trompé? La Providence vous a donc faite pour être un exemple de la fragilité humaine. Allez! vous accomplirez les desseins de votre Créateur, à moins qu'il ne se repente de son œuvre et ne vous fasse tomber en chemin. Ah! je ne connais pas une femme qu'on puisse vous comparer.

Mais pourquoi m'emporter ainsi? Suis-je donc votre juge? Mon rôle doit se réduire à la miséricorde et aux conseils d'un ami ; ce n'est pas à moi de punir et d'accuser. Je croyais avoir dompté les passions qui m'agitent. Je m'étais promis de pleurer sur votre faute et de me taire; mais je suis mobile comme la poussière, variable comme l'onde. C'est en votre absence que je suis calme et résigné. Faites de cette maison votre demeure, restez dans cette chambre. Mais pardonnez-moi si je préfère la solitude et si je ne vous revois plus avant l'heure prochaine où je vais partir. »

En disant cela, Pleyel fit un mouvement comme s'il allait quitter la chambre.

L'émotion profonde qu'éprouvait ce jeune homme devait trouver en moi une grande sympathie. Je cessai de pleurer. Je restai immobile et muette. Assise et les mains jointes, je le suivis des yeux lorsqu'il voulut s'éloigner. Ce fut en vain que j'essayai de le retenir. Ma voix se refusa d'abord à ma pensée, et il avait déjà passé la porte, lorsque je m'écriai involontairement : — Pleyel! es-tu parti? parti pour toujours?

A ce cri douloureux, Pleyel revint sur ses pas. Il me vit les yeux hagards, le visage pâle, respirant à peine, et la tête déjà penchée sur la poitrine. Quelques secondes après, j'avais perdu connaissance.

Lorsque je revins à moi, je me trouvai étendue sur un lit dans une autre chambre, deux négresses étaient à mes côtés, et Pleyel debout épiait mes gestes et mes regards. La colère et le mépris qu'il avait témoignés avaient fait place à une expression d'inquiétude et de tendresse. Aussitôt qu'il me vit reprendre mes sens, il joignit les mains et s'écria : — Dieu soit loué ! vous voilà revenue. J'ai presque désespéré de vous. Oh ! je crains d'avoir été injuste et irréfléchi. Il faut que j'aie eu quelque vertige pour m'oublier à ce point. Mais pardonnez-moi, je vous en prie, pardonnez-moi mes reproches. Je payerais la conviction de votre innocence au prix de ma vie d'ici-bas et d'en haut.

Il me recommanda une seconde fois de la manière la plus tendre de rester tranquille, et me laissa aux soins des deux femmes.

Il ne recommanda une seconde fois de la
mettre à plus tendre de rester tranquille, et
un jeta aux pieds des deux femmes.

## XIII

Dans l'état de mon âme, je ne songeai guère à la détresse du corps ; je me levai et résolus d'avoir, avant mon départ, une nouvelle explication avec mon ami-amant. Je le rappelai aussitôt ; car je ne croyais pas rester plus longtemps dans sa maison et y passer la nuit. Il obéit à mon invitation. La tendresse qu'il m'avait montrée un instant auparavant avait disparu. Il entra gravement ; son air était solennel et glacial.

Il s'était opéré dans mon ami un changement extraordinaire. Quelle raison avait pu ébranler une conviction si ferme ? Était-il survenu pendant mon évanouissement quelque obstacle au départ de Pleyel ? Les deux femmes m'apprirent qu'il n'avait pas quitté la chambre où nous étions, que la durée excessive de ma faiblesse et l'absence momentanée de tout ce qui aurait pu me rappeler à la vie l'avaient ému profondément. Regardait-il l'effet terrible que ses reproches avaient eu sur moi comme une preuve de ma sincérité ?

femmes m'apprirent qu'il n'avait pas quitté la chambre où nous étions, que la durée excessive de ma faiblesse et l'absence momentanée de tout ce qui aurait pu me rappeler à la vie l'avaient ému profondément. Regardait-il l'effet terrible que ses reproches avaient eu sur moi comme une preuve de ma sincérité?

Dans l'état de mon âme, je ne songeai guère à la détresse de mon corps. Je me levai et résolus d'avoir, avant mon départ, une nouvelle explication avec mon ancien ami. Je le fis appeler aussitôt, car je ne voulais pas rester plus longtemps dans sa maison et y passer la nuit. Il obéit à mon invitation. La tendresse qu'il m'avait montrée un instant auparavant avait disparu. Il entra gravement; son air était solennel et glacial.

Je lui dis que j'allais retourner chez mon frère, que j'étais venue pour défendre mon innocence contre les charges qu'on faisait peser sur elle. Mon amour-propre offensé n'avait point cherché un refuge dans le silence ou l'éloignement. Je ne m'étais pas fiée non plus à la bienveillance de son estime et de ses réflexions. Dans la conscience que j'avais de mon entière innocence, il m'était impossible de croire à l'inutilité de mes efforts. Quelque spécieuses que fussent les apparences, elles n'en étaient pas moins mensongères. Je voulais bien croire qu'il était de bonne foi, et qu'il ne m'accusait pas sans une conviction profonde; mais ses accusations étaient sans fondement. Je venais provoquer moi-même une enquête et me présenter à un juge dont j'aurais pu cependant nier la compétence. Je le priai enfin d'être explicite et de me raconter en détail ce qu'il avait vu et entendu.

À ces mots, la figure de Pleyel devint plus sombre. Il parut un instant lutter avec lui-même, ouvrit la bouche pour parler, mais ses accents vinrent expirer sur ses lèvres. Cette lutte dura pendant quelques minutes, après lesquelles il sembla prendre une résolution pénible et parla ainsi :

— Je voudrais mettre un terme à une entrevue douloureuse. Tout ce que nous pouvons dire, hélas! est aussi vain qu'un songe. Ne faudrait-il pas revenir à la triste réalité? Le récit le plus clair ne vous apprendra rien que vous ne sachiez parfaitement. Vous connaissez les bases de l'accusation que j'ai portée, et vous persistez à vous dire innocente. Pourquoi répéter ce que Wieland vous a appris? Vous connaissez Carwin et sa vie criminelle. Pourquoi vous dirais-je ce que j'ai découvert sur cet homme? Et pourtant, puisque vous le voulez, puisque vous m'accusez moi-même d'avoir jugé un coupable sans entendre sa défense, je vais vous faire connaître ce que je sais.

Je ne vous parlerai pas de l'impression que votre caractère et vos charmes avaient produite sur moi. Nous avons été séparés dès l'enfance, mais notre correspondance suppléa pour ainsi dire à l'habitude de vivre ensemble. Avec quel bonheur je songeais à revenir en Amérique! J'allais revoir l'auteur de tant de lettres charmantes où le cœur et l'esprit se disputaient chaque ligne; j'allais revoir la plus aimable des femmes, à en juger par ces pages que je relisais sans cesse. Lorsque j'arrivai sur les bords de la Shuylkill, mon attente fut surpassée.

Voilà, me dis-je alors, voilà une femme dont les sages envieraient l'intelligence supérieure, et que les peintres prendraient pour modèle d'une beauté idéale. Elle est un exemple de cette union sublime de l'esprit et de la forme qui n'a existé que dans les conceptions des poëtes. J'épiais chacun de vos regards, j'adorais votre bouche féconde. Je me demandais souvent si les charmes de votre voix étaient plus sensibles quand elle redisait quelque touchante mélodie, ou lorsqu'elle suivait les mille détours de la parole. J'étudiais vos transitions faciles, vos expressions heureuses, votre dialectique savante, et vos images à la fois brillantes et limpides. J'ai été forcé de reconnaître qu'il n'y avait pas une volupté comparable au plaisir de vous voir et de vous entendre. J'ai suivi vos traces jusque dans votre maison. Je vous ai observée dans vos relations avec vos domestiques, avec votre famille, avec vos voisins et avec le monde. J'ai vu par quelles combinaisons habiles vous facilitiez l'accomplissement des devoirs les plus pénibles, quelles forces nouvelles vous puisiez chaque jour dans une méthode constante, et quelle profondeur, quelle abondance de savoir vous acquériez par des lectures infatigables. Je me disais :

une femme qui s'est acquis tant de trésors à la fleur de l'âge; quelles richesses n'aura-t-elle pas dans un âge plus avancé? Vous ne pouvez avoir une idée de la persévérance avec laquelle je vous étudiais. Je voulais que d'autres profitassent d'un si rare exemple. J'écrivais assidûment les moindres particularités de votre conduite, ne croyant rien de ce qui vous concernait indigne du souvenir. Mon devoir était de n'oublier aucune des lignes ravissantes de votre portrait. Il me fallait reproduire jusqu'aux ombres qui répandaient sur l'ensemble une harmonie enchanteresse. Je n'avais, pour faire un chef-d'œuvre, qu'à copier ce que j'avais sous les yeux. Il n'y avait pas besoin d'exagérer ou d'affaiblir : la réalité devait être au-dessus de toutes les créations poétiques; et il eût été impossible d'ajouter ou de retrancher le moindre détail sans nuire à la perfection du tableau.

La tâche que j'avais entreprise n'avait pas

de bornes. C'était à tout moment une scène nouvelle, une lumière plus vive. Tout me semblait important à décrire, la couleur d'un soulier, le nœud d'un ruban, votre attitude en effeuillant une rose. J'ai consacré des pages entières à peindre la table où vous déjeunez, le miroir devant lequel vous faites votre toilette.

Je sais que nous obéissons plus volontiers à l'exemple qu'au précepte. Les modèles de vertu que l'imagination crée à plaisir n'ont pas autant d'influence que les enseignements d'une sagesse vraiment humaine et à la portée de tous. La peinture que je faisais n'était point le résultat d'une vision de mon esprit. Le modèle que j'étais fier de présenter au monde n'était point un fantôme. On pouvait raisonnablement avoir l'espérance de l'imiter et d'atteindre à un degré de perfection auquel il était arrivé lui-même. Il faut bien avouer que je trouvais à cette étude un charme inexprimable. Pour peindre ce modèle suprême, il était nécessaire d'avoir souvent les yeux sur lui, d'entendre au dedans de moi l'écho de ses pensées et de suivre ses moindres mouvements.

Je continuais à m'enivrer de ce spectacle divin et ajoutais chaque jour de nouveaux traits à mon œuvre, de nouvelles pierres précieuses à ce riche diadème, lorsque, par une fatalité déplorable, Carwin arriva dans le pays. Je ne m'étonnai point de voir l'admiration qu'il vous inspira. Je comptai sur la droiture de votre jugement et n'eus aucune crainte à cet égard. Votre bon sens me sembla devoir assigner lui-même une limite à votre enthousiasme. Je voyais aussi un préservatif contre une passion subite dans l'extérieur de cet homme et l'obscurité de sa condition. Quoi qu'il en soit, sa première rencontre vous a fecta vivement. Vous fûtes enchantée de son visage et de sa voix. Vous en parliez avec une exaltation dont je ne pus être témoin sans quelque surprise. Le portrait que vous fîtes en son absence, et qui vous captiva si long-temps, troubla mon sommeil et devint pour moi un objet de mauvais présage. Votre enthousiasme semblait indiquer une âme trop ardente. Je gardai néanmoins une espérance au milieu de mes craintes. N'étiez-vous pas toujours la sage Clara, et devais-je redouter que votre raison laissât votre cœur s'égarer à l'aventure ?

Bientôt vous eûtes de plus fréquentes relations avec Carwin. Je n'ai plus besoin, je pense, d'expliquer l'intérêt que je prenais alors à vos sentiments. Vous étiez devenue mon idole. Je n'attendais le bonheur que de vous. Tout ce qui n'était pas vous me semblait indifférent, et pour vous rendre heureuse aucun sacrifice ne m'eût coûté : j'aurais exposé avec joie mon repos, ma fortune, ma vie même pour vous préserver d'une faute ou d'un malheur. Il n'est donc pas étonnant que j'aie veillé sur cet homme avec une jalouse inquiétude, que j'aie observé vos paroles, vos regards lorsqu'il était en votre présence, et qu'enfin je me sois ému profondément lorsque j'ai découvert, hélas! que vous aviez placé votre bonheur entre ses mains.

Il m'a fallu bien longtemps pour arriver à ce résultat. Je me rappelais sans cesse les conversations où nous avions parlé du mariage et de l'amour. Jeune, belle, riche, indépendante comme vous l'étiez, il vous importait d'avoir des principes sévères sur ces graves sujets. N'aviez-vous pas prouvé la droiture et la force de votre esprit dans votre conduite vis-à-vis de Tanwood, ce dangereux séducteur, qui vous poursuivait de ses flatteries et de son audace?

Fallait-il concevoir si légèrement des craintes offensantes? Carwin était sans doute un homme hors de ligne par son intelligence. J'ai souvent déguisé l'effet magique que sa voix et son regard produisaient sur moi. Il avait là des armes redoutables. Mais, d'un autre côté, je songeais à l'expression ambiguë des traits de son visage, ambiguïté que vous aviez été la première à apercevoir. Je comptais sur le mystère dont il s'environnait, sur l'absence de toute franchise dans ses paroles et dans ses actions, pour vous garantir des suites de votre engouement. Je luttai ainsi contre les apparences. J'attribuais votre conduite à quelque innocente fantaisie que vous pourriez justifier aisément.

Il me fut impossible de garder cette illusion. Un soir, vous devez vous le rappeler, j'arrivai chez vous un peu plus tôt qu'à l'ordinaire. En approchant de la maison, j'aperçus une lumière dans votre chambre, et, lorsque j'entrai, Judith m'apprit que vous étiez occupée à écrire. Comme votre parent et votre ami, comme votre hôte habituel, je me permettais quelquefois d'être familier. Vous étiez dans votre chambre, mais votre occupation du moment et l'heure peu avancée m'empêchèrent de me croire indiscret en me présentant sans préambule dans votre appartement. J'étais sous l'empire d'une gaieté passagère. J'avançai sur la pointe du pied. Vous ne vous aperçûtes pas de mon arrivée, et je marchai de même sans bruit jusqu'à l'instant où je pus regarder par-dessus votre épaule.

J'avais été un peu loin sans doute en agissant ainsi, mais je n'eus pas la force de rétrograder. Avec quelle précaution nous devons nous tenir en garde contre les premières suggestions de la curiosité! Je savais que je faisais mal en jetant les yeux sur vos papiers, mais je répondis à ma conscience que vous ne pouviez rien écrire qui eût absolument besoin d'être caché. Vous étiez avare de vos manuscrits. L'occasion était belle : je n'avais qu'un regard à diriger vers la table pour satisfaire un désir violent. Dans toute autre circonstance, je n'aurais point commis une action semblable. D'ailleurs, l'obstacle le plus léger aurait suffi pour me garantir de cette faute; mais je fixai involontairement mes yeux sur le papier, et rien ne m'empêcha de lire aussitôt plusieurs phrases, parce que les caractères étaient petits et pressés. J'aperçus les mots *pavillon* et *minuit*. Je lus sans le vouloir une ligne entière où vous parliez d'une *autre* entrevue : tout cela fut l'affaire d'une seconde. Je m'arrêtai aussitôt et me découvris à vous en frappant légèrement sur votre épaule.

J'aurais compris votre effroi, s'il n'eût pas été excessif. Vous tremblâtes de tous vos membres, votre rougeur fut extrême; votre premier soin fut de cacher le papier, et vous me fîtes ensuite des questions pressantes pour savoir si j'avais lu ce que vous aviez écrit. Je m'étonnai de vous voir si émue. Ce ne fut néanmoins qu'après vous avoir quittée que je cherchai à me rendre compte de cette émotion.

A quelle scène ou à quelle entrevue faisiez-vous allusion dans cette phrase? Je me rappelai avec surprise votre absence d'un soir précédent, mes recherches infructueuses jusque sur le bord de la rivière, votre silence obstiné tandis que je vous appelais, vos réponses vagues et l'embarras que vous ne pûtes déguiser lorsque nous montâmes ensemble vers la maison. Était-ce là le pavillon dont vous parliez? Une réserve marquée dominait vos moindres mouvements, lorsque cette aventure ou même le pavillon faisait le sujet de la conversation. Je fis une autre remarque. La dernière fois que nous nous entretînmes de cet incident, c'était en présence de Carwin. Le visage de ce dernier trahit quelque embarras. Avait-il donc joué un rôle dans cette entrevue?

Cette idée me préoccupa vivement aussitôt qu'elle se fut présentée à mon esprit. Une entrevue à une heure semblable, dans ce lieu ouvert, avec cet homme étrange; une entrevue clandestine que vous mettiez tant de soin à cacher n'était point une chose ordinaire. Je ne pouvais assigner de bornes au pouvoir de Carwin et à ses mauvais desseins. Vous avait-il arraché le secret de votre amour? Était-il parvenu à obtenir des rendez-vous nocturnes et mystérieux? J'ai rarement passé une nuit aussi pénible. L'inquiétude me dévorait.

Je ne savais que résoudre. Il me semblait urgent de connaître le véritable caractère de l'étranger et ses vues prochaines. S'il vous eût fait la cour ouvertement, nous aurions eu le droit de le questionner d'une manière directe. Mais puisqu'il avait pris une voie détournée, il y avait lieu de croire que c'était un homme sujet à caution. Cette dernière pensée me prouva la convenance d'une enquête plus attentive. Mais comme il n'était pas probable que vous dussiez favoriser des prétentions obscures ou de coupables tentatives, je trouvai bientôt mes premiers soupçons indignes de vous et de moi-même. Cependant je me laissais aller parfois à de tristes retours sur cet événement. C'était une simple conjecture qui m'avait fait croire que l'entrevue dont vous parliez avait eu lieu avec Carwin. Mais je savais que l'éloquence de cet homme était surnaturelle, et que son adresse, favorisée par le penchant que vous aviez pour lui, rendait votre perte possible, ou plutôt amènerait une prochaine union entre vous ; car mes plus vives inquiétudes n'allaient jamais jusqu'à soupçonner votre déshonneur.

Je ne pouvais vous ouvrir mon cœur à cet égard. Si l'accusation eût été fausse, vous ne me l'auriez guère pardonnée, et je me fermais l'avenir en montrant si peu de confiance et tant de craintes. Si mes soupçons avaient été fondés, à quoi eût servi de les énoncer? Vous aviez résolu de vous taire. Quelques raisons que vous eussiez, il n'était pas convenable de troubler votre silence. A la fin, je m'arrêtai à l'opinion la plus consolante, et me plus à supposer que Carwin était un homme juste et loyal, et que si vous cachiez certaines particularités de votre vie, vous usiez d'un droit bien naturel, sans jamais passer les limites du devoir.

En ce moment, Pleyel, me voyant pâlir, crut devoir s'arrêter. Il regarda du côté de la fenêtre, comme pour me donner le temps de me remettre. Nous étions l'un et l'autre en proie à de vives angoisses. Il allait aborder bientôt la partie la plus douloureuse et la plus obscure de cet étrange réquisitoire. La joie mélancolique qui avait paru sur son visage, au souvenir de notre félicité passée, s'était dissipée peu à peu; à mesure qu'il avançait dans son récit, son front plissait et sa bouche avait pris une expression d'amertume que je ne lui avait jamais connue. S'il avait conservé quelques lueurs d'espérance, elles étaient si faibles, qu'il était impossible d'en découvrir la trace sur son visage abattu. De mon côté je me défendais mal contre les craintes qui s'éveillaient en moi de toutes parts. Pleyel avait fait ses préparatifs de départ, et, si je ne me justifiais pas à l'heure même, il allait s'éloigner sans retour. Je ne connaissais pas encore tous les griefs qu'il avait contre moi. Il fallait qu'il en eût de bien puissants pour avoir résisté à mes larmes et à mes protestations. Mon bonheur dépendait donc désormais de la présence d'esprit que je saurais montrer dans un moment où il était si aisé de la perdre. Ma mémoire pouvait être infidèle, ma bouche rebelle à ma pensée. Je pouvais me troubler, et le trouble de l'innocence aux abois serait pris sans doute pour l'aveu d'une conscience coupable.

Telles étaient les inquiétudes mortelles qui m'agitaient, lorsque Pleyel se tourna vers moi et reprit la parole. Sa voix était plus ferme, son attitude plus sévère.

FIN DU TOME PREMIER.

www.ingramcontent.com/pod-product-compliance
Lightning Source LLC
Chambersburg PA
CBHW060649170426
43199CB00012B/1722